I0566726

Kostenlose Online-Spiele Entdecken

Hier Erhältlich:

BestActivityBooks.com/FREEGAMES

5 TIPPS FÜR DEN ANFANG!

1) LÖSUNG DER RÄTSEL

Die Puzzles haben ein klassisches Format :

- Die Wörter sind ohne Abstand, Bindetrich usw… versteckt
- Richtung : vor-& rückwärts, auf & ab oder in der Diagonale (beider Richtungen)
- Die Wörter können übereinanderliegen oder sich kreuzen

2) AKTIVES LERNEN

Neben jedem Wort ist ein Abstand vorgesehen zum Aufschreiben der Übersetzung. Um ihre Kenntnisse zu überprüfen und zu erweitern befindet sich am Ende des Buches ein **WÖRTERBUCH**. Suchen sie die Übersetzungen, schreiben sie sie auf, dann können sie sie in den. Puzzles suchen und ihrem Wortschatz hinzufügen.

3) ANZEICHNUNG DER WÖRTER

Haben sie schon einmal versucht eine Anzeichnung zu verwenden? Sie könnten zum Beispiel die Wörter, die schwer zu finden sind, ankreuzen, die Wörter, die sie lieben, mit einem Stern, neue Wörter mit einem Dreieck, seltene Wörter mit einem Diamant usw … anzeichnen

4) IHR LERNEN ORGANISIEREN

Am Ende dieser Ausgabe bieten wir auch ein praktisches **NOTIZBUCH** an. Ob im Urlaub, auf Reisen oder zu Hause, sie können ihr neues Wissen ganz einfach organisieren, ohne ein zweites Notizbuch zu benötigen!

5) SIND SIE AM SCHLUSS ?

Gehen sie zum Bonusbereich : **MONSTER-HERAUSFÖRDERUNG,** um ein kostenloses Spiel zu finden, das am Ende dieser Ausgabe angeboten wird !

Lust auf mehr Spaß und **Lernaktivitäten? Schnell und einfach :** eine ganze Spielbuchsammlung mit einem einzigen Klick erhaltbar :

Mit diesem Link finden sie ihre nächste Herausforderung :

BestActivityBooks.com/MeineNachsteWortsuche

Achtung, fertig, ... Los !!

Wussten sie, dass es auf der Welt ungefähr 7.000 verschiedene Sprachen gibt ? Wörter sind kostbar.

Wie lieben Sprachen und haben schwer daran gearbeitet, die Bücher von höchster Qualität für sie zu entwerfen. Unsere Zutaten ?

Eine Auswahl von angepassten Lernthemen, drei große Scheiben Spaß, dann fügen wir einen Löffel schwieriger Wörter und eine Prise seltener Wörter hinzu. Wir servieren sie mit Sorgfalt und ein Maximum an Freude, damit sie die besten Wortspiele lösen und Spaß am Lernen haben.

Ihre Meinung ist wichtig. Sie können aktiv zum Erfolg dieses Buches beitragen, indem sie uns eine Bemerkung hinterlassen. Sagen sie uns, was ihnen an dieser Ausgabe am besten gefallen hat !!

Hier ist ein kurzer Link, der sie zu ihrer Bewertungsseite führt

BestBooksActivity.com/Rezension50

Vielen Dank für ihre Hilfe und viel Spaß

Linguas Classics

1 - Gesundheit und Wellness #2

```
R Q D R C E I J A Q T F I O C
Y V I T G I N I M A T I V Y H
T O G E L T O V S D V X F K Y
X O E T G S J P Y O I E S W G
L A M K K C S T K L R E Y P I
G E N E T I K K E B O A T X E
A R I V L H E S H L L P R T N
J Y G K Ø K F Y U R A P O A E
S T R E S S N K S I K E P N J
S K E F Q Z I D D S D T S A S
E W L K G L J O X I Q I I T A
V K L G S P Z M S K M T Q O S
C X A I R U R K R O F T D M S
C L H G J K N U S K T U X I A
C C S J P R O N E N E R G I M
```

ALLERGI

ANATOMI

APPETITT

BLOD

DIETT

ENERGI

GENETIKK

SUNN

VEKT

HYGIENE

INFEKSJON

KALORI

SYKEHUS

SYKDOM

MASSASJE

RISIKO

SØVN

SPORT

STRESS

VITAMIN

2 - Ozean

```
B M S D F M I C N Y S S Y R M
H L R K T A B N V N I F L E D
F Å E S T N R E K E K K J V K
B I T K T E F Z R S T O R M R
Ø A S B K T L A S I J P N G A
L B Ø K S S T U N F I S K O B
G U L J J K P M A V S L W B B
E B J K A S I R H V A L H N E
R O M M R F J L U A D R A W E
J N I R U D Z K P T Å B I N G
X O N U H K G I M A S X Q B W
Q T I D E V A N N H D Q U L L
E P B F W M Y C X M I D Z V W
K O R A L L J S Z B I O E L N
I R P Z B V S C L V R O V S K
```

ÅL
ØSTERS
BÅT
DELFIN
FISK
REKE
TIDEVANN
HAI
KORALL
KRABBE

BLEKKSPRUT
MANET
REV
SALT
SKILPADDE
SVAMP
STORM
TUNFISK
HVAL
BØLGER

3 - Krankheit

```
B G Z O S U N I S S J N U H M
S A D T C M K R O N I S K J S
Y T K E K S I T E N E G W E D
N F L T S K X T A S D B W R X
D J N I E B J Z T V Z W R T D
R A S N S R P Y E S T S Z E T
O K V U L C I T A P O R V E N
M U A M E E P E A B T M M L P
U T K M H N A J L L L P O L N
Q T C I U L R W S L L J T F C
B E T E N N E L S E I E S L O
N D A T Y U T K R O P P R P Y
A R V E L I G S O C H K S G G
V E L V Æ R E M L U Q W Z W I
N X W S L U F T V E I E N E R
```

AKUTT	HJERTE
ALLERGI	IMMUNITET
SMITTSOM	BEIN
LUFTVEIENE	KROPP
BAKTERIELL	NEVROPATI
KRONISK	SVAK
BETENNELSE	SINUS
ARVELIG	SYNDROM
GENETISK	TERAPI
HELSE	VELVÆRE

4 - Meditation

```
M D K W D H M E N T A L P U O
E S G R M V I T K E P S R E P
D O S I N N A P I H N E K Å V
F I P G P U S T E G A S S Y K
Ø N H P N A T U R I W D B K H
L N E U M R E T C L C U J A A
E S S S M E H E E N N D S K E
L I L J T M R K Z N G W Y K Y
S K E Q T I A K C E R O L I G
E T G E A M L Y S V M A J S Y
F R E D N C K L D O D M K U U
X B V R K P B L H M M O T M J
X R E P E A J S S E S H Y B X
V X B W R W O A E K T O E Y E
T A K K N E M L I G H E T T D
```

AKSEPT
PUSTE
OPPMERKSOMHET
BEVEGELSE
TAKKNEMLIGHET
INNSIKT
VENNLIGHET
FRED
TANKER
MENTAL

LYKKE
KLARHET
MEDFØLELSE
MUSIKK
NATUR
PERSPEKTIV
ROLIG
STILLHET
SINN
VÅKEN

5 - Archäologie

```
Z U Y Q L E P M E T O T R F F
A K W B U J L R Q Q T U O O O
A J A W I C F J O H J A H S R
O E I V K I L E R F S P I S S
R N E K K I T N A T E K S I K
D T G Q I B G H I R G S K L E
E T T E R K O M M E R U S T R
G C E B X B O C E P R Q B O E
T E P R D M E B T S G L E Y R
A N A L Y S E I J K G L E M T
M S N Q Q N S L N E I E O A U
V U R D E R I N G N K U C E A
Æ R A B T Z A E Q P M T L T Y
E M Y S T E R I U M Q E E K W
G S S Z L P G R A V K N Q R Q
```

ANALYSE

ANTIKKEN

VURDERING

ÆRA

EKSPERT

FORSKER

FOSSILT

MYSTERIUM

GRAV

BEIN

TEAM

ETTERKOMMER

OBJEKTER

PROFESSOR

RELIKVIE

TEMPEL

UKJENT

GLEMT

6 - Gesundheit und Wellness #1

```
H Ø Y D E D D Z L N S T Q U M
V E W U W O D B S G F P L S E
O S R H J S U L T E V R C M D
J W R D E L R R K J W L W A I
V I R U S E B E E P R J A F S
L E G E P D G V F F P F G O I
U Z H Q V A B R N L V A N E N
K L I N I K K E L L E R G B S
E M E D I S I N I C S K H A K
T D K H P L F O L N D D S K C
O A W E A S V I Y B R N A T J
P R B F R G N I L D N A H E B
A Z Y C E N G U T Z V E S R T
M X W O T Q J V C K O R Q I Z
A V S L A P N I N G A J D E J
```

AKTIV
APOTEK
LEGE
BAKTERIE
BEHANDLING
AVSLAPNING
BRUDD
VANE
HUD
HØYDE

SULT
KLINIKK
BEIN
MEDISIN
MEDISINSK
NERVER
REFLEKS
TERAPI
SKADE
VIRUS

7 - Obst

```
B  J  Ø  R  N  E  B  Æ  R  D  U  A  B  A  N
A  S  J  K  T  U  P  D  Y  E  T  N  R  V  E
I  L  Y  C  C  R  U  V  R  R  R  A  I  O  K
C  E  I  I  H  D  Y  F  P  C  F  N  N  K  T
W  Y  C  E  L  P  E  B  O  Æ  Q  A  G  A  A
L  U  C  J  N  K  Y  J  Æ  T  R  S  E  D  R
K  I  R  S  E  B  Æ  R  P  R  K  E  B  O  I
A  R  T  N  K  A  A  S  A  Y  O  M  Æ  R  N
A  S  O  A  S  I  K  T  P  D  K  M  R  K  J
R  P  L  R  R  F  M  O  A  C  O  O  E  I  C
M  X  R  O  E  Z  W  F  Y  H  S  L  H  W  I
F  B  N  I  F  E  U  A  A  T  N  P  R  I  M
J  Y  K  C  K  O  V  L  P  Q  Ø  M  F  R  S
B  A  N  A  N  O  L  E  M  K  T  Q  Y  E  Y
S  I  T  R  O  N  S  I  T  F  T  E  Z  K  S
```

ANANAS	KIWI
EPLE	KOKOSNØTT
APRIKOS	MELON
AVOKADO	NEKTARIN
BANAN	ORANSJE
BÆR	PAPAYA
PÆRE	FERSKEN
BJØRNEBÆR	PLOMME
BRINGEBÆR	DRUE
KIRSEBÆR	SITRON

8 - Universum

```
H U D B G E K V A T O R S J J
O S Y O Y F Y C T P D N O E D
R Q R M R L F Y O Y X A L A G
I H E R Q B Q E K H E T V O Y
S Y K D S E P M M U N K E D E
O Q R A W D O O H D Å S R F B
N Y E R Y I K N U V M I V Ø I
T K T G J O S O L E M M I H M
D K S E I R E R Y O M S P O O
B K E D Z E L T N J U O A F N
O A N G S T E S L C I K U C O
J L N N P S T A V X U A Y I R
K W O E D A R G E D D E R B T
S Y N L I G H A L V K U L E S
S L B A T M O S F Æ R E W Q A
```

ASTEROIDE
ASTRONOM
ASTRONOMI
ATMOSFÆRE
EON
EKVATOR
BREDDEGRAD
MØRKE
GALAXY
HALVKULE

HIMMEL
HORISONT
KOSMISK
LENGDEGRAD
MÅNE
BANE
SYNLIG
SOLVERV
TELESKOP
DYREKRETSEN

9 - Camping

```
E  N  Å  M  I  N  N  S  J  Ø  Z  L  A  R  U
P  V  Z  A  B  G  B  G  J  I  A  H  P  X  N
L  L  E  J  F  M  O  R  O  B  Q  V  A  Z  B
O  H  T  N  Z  S  Z  S  V  I  K  N  O  Q  L
S  T  T  M  T  X  A  S  O  Y  N  F  H  P  U
L  E  Y  C  W  Y  K  A  R  T  T  S  E  V  L
U  L  H  D  B  C  R  P  Æ  J  A  L  E  K  U
A  T  Y  Y  A  R  U  M  R  E  U  L  A  K  K
N  C  N  R  X  K  A  O  T  N  Z  K  F  D  T
A  T  L  X  T  C  Z  K  N  J  S  P  O  H  T
T  A  T  H  E  N  G  E  K  Ø  Y  E  D  D  Q
U  V  K  A  N  O  O  B  R  A  N  N  O  N  Y
R  C  A  O  H  U  K  S  W  F  M  I  L  N  U
E  E  J  T  R  Y  S  Z  F  K  T  W  B  P  P
S  V  N  G  D  I  V  E  O  U  M  X  V  D  M
```

EVENTYR
TRÆR
FJELL
BRANN
HENGEKØYE
HATT
INSEKT
JAKT
HYTTE
KANO

KART
KOMPASS
MÅNE
NATUR
INNSJØ
TAU
MORO
DYR
SKOG
TELT

10 - Zeit

```
K  J  N  R  V  S  L  N  G  A  D  K  D  A  W
O  V  P  Å  G  Z  G  E  A  A  D  L  E  P  A
E  X  X  G  G  V  L  Z  D  T  I  O  K  G  L
V  Z  A  I  S  K  B  P  I  K  T  K  X  Q  N
M  N  G  E  W  E  T  S  Q  A  M  K  G  U  R
T  I  M  E  F  B  A  Q  I  L  E  E  N  W  D
X  T  O  K  R  F  P  S  C  E  R  M  Q  Q  I
O  X  U  U  I  N  W  O  Y  N  F  H  O  G  T
Z  S  N  N  V  A  X  O  N  D  E  N  Å  M  S
P  D  E  D  I  W  Z  Z  B  E  Å  R  L  I  G
T  I  Å  R  Y  M  J  T  L  R  U  Ø  Z  E  A
O  I  D  F  K  L  W  E  N  Å  R  F  Z  A  D
E  T  T  E  R  M  O  R  G  E  N  P  N  M  D
Å  R  H  U  N  D  R  E  F  R  Q  Q  W  P  I
L  V  X  E  R  M  Q  K  G  K  L  A  N  B  M
```

I GÅR	MÅNED
I DAG	MORGEN
ÅR	ETTER
ÅRHUNDRE	NATT
TIÅR	TIME
ÅRLIG	DAG
NÅ	KLOKKE
KALENDER	FØR
MINUTT	UKE
MIDDAGSTID	FREMTID

11 - Säugetiere

```
S N N B B B Z J U A T T Y G K
C U H U D G M B T V J R C I L
Z Y D L K J P A L L I R O G H
K E N G U R U P S J I R A F F
M D U C Q E U E U A M Z C Z X
H D H C G V L A V H M R T M B
M E P D X E V O S E B B I T C
H L T R H B E K J L O J H W H
E E B T Æ B R S L Ø V E C G I
S F P Z O R Y E S J L N D D V
T A A W D R I L V J F A V T X
E N N R Ø J B E B J V C U U J
R T T J U G A M U I F T B X A
U S E T I G E R U L M Y T K F
B N R S E B R A H H V S N E H
```

APE   LØVE
BJØRN   PANTER
BEVER   HEST
ELEFANT   ROTTE
REV   SAU
SJIRAFF   OKSE
GORILLA   TIGER
HUND   HVAL
KENGURU   ULV
PRÆRIEULV   SEBRA

12 - Algebra

```
M U S F F Y L E B G G S N G L
E A A V V Y Ø K R R K U U J H
L E T B W N S S Ø Z O B L J Q
B N I R Z F E P K V L T L X J
O G D O I E Y O D A Ø R K I R
R D P E V S B N E R S A D A K
P F A L S K E E L I N K I Q F
R V H W R M K N T A I S A I Y
I K U S Æ P E T W B N J G N C
F O R M E L R N Q E G O R U J
H F E D N R Z A G L X N A M N
L I G N I N G Z X D R Y M M O
X Z R E L B Z G I L E D N E U
F O R E N K L E S Y B F N R B
R M Y R M Q P N V H L X O D W
```

BRØKDEL
DIAGRAM
EKSPONENT
FAKTOR
FALSK
FORMEL
LIGNING
LINEÆR
LØSE
LØSNING

MATRISE
MENGDE
NULL
NUMMER
PROBLEM
SUBTRAKSJON
SUM
UENDELIG
VARIABEL
FORENKLE

13 - Philanthropie

```
C  N  Æ  R  W  A  V  N  R  E  P  P  U  R  G
Z  L  R  E  M  M  A  R  G  O  R  P  J  K  A
Q  M  L  F  H  I  S  T  O  R  I  E  T  O  V
B  Å  I  M  O  N  G  E  N  G  R  M  R  N  M
A  L  G  V  C  L  A  B  O  L  G  D  E  T  I
R  J  H  G  N  S  K  U  U  K  K  G  N  A  L
N  T  E  H  E  K  S  E  N  N  E  M  G  K  D
D  M  T  S  A  M  F  U  N  N  E  T  E  T  H
M  O  D  G  N  U  O  L  Y  O  N  M  S  E  E
I  R  N  Q  S  A  U  A  I  J  F  M  Z  R  T
X  L  Z  E  G  L  N  A  X  S  O  S  K  F  R
G  F  Q  F  R  N  S  I  S  I  O  S  Y  K  Y
P  Q  M  O  J  E  J  C  F  M  U  M  Y  Q  R
V  E  L  D  E  D  I  G  H  E  T  I  W  B  B
O  F  F  E  N  T  L  I  G  M  I  D  L  E  R
```

TRENGE	KONTAKTER
ÆRLIGHET	FOLK
FINANS	MENNESKEHET
SAMFUNNET	MISJON
HISTORIE	MIDLER
GLOBAL	VELDEDIGHET
GAVMILDHET	OFFENTLIG
GRUPPER	PROGRAMMER
UNGDOM	DONERE
BARN	MÅL

14 - Diplomatie

```
P C H A M B A S S A D E D X D
F O S U S A M F U N N E T K P
S W L O M R Å D G I V E R T S
F P W I I A P N L N F T D K V
V X R J T H N O J S U K S I D
A T E Å N I O I A E G S B L E
G Q Y A K D K N T T N I E F M
N I A N P D H K R Æ I T T N M
I N T E G R I T E T R A I O E
N L A W J J I L T M E M K K R
S T T N A O T S W I J O K L F
Ø W K D G P C H N I G L A H Z
L H A Y Y N M K G T E P G F F
B O R G E R E G T N R I J R W
J M T E H R E K K I S D D I X
```

FREMMED
RÅDGIVER
AMBASSADE
BORGERE
DIPLOMATISK
DISKUSJON
ETIKK
SAMFUNNET
HUMANITÆR

INTEGRITET
KONFLIKT
LØSNING
POLITIKK
REGJERING
SIKKERHET
SPRÅK
TRAKTAT

15 - Astronomie

```
O S R N K D I E N C U R F K A
X B A S T R O N O M N A X O Y
A H S A C O Q X G G I S K N C
W B D E S J D C R V V T P S K
W D J K R T L O P G E E N T E
K O M E T V R Z L J R R S E S
V I N K A F A O V R S O T L U
P O K S E L E T N Y T I J L P
D V N N F O N E O A T D E A E
Y M C W Z N Å N A R U E R S R
K O S M O S M A W O I T N J N
R A K E T T Y L D E S U E O O
D A V I L E H P G T V E M N V
S A T E L L I T T E G F I L A
I G M X M P O L E M M I H B C
```

ASTEROIDE
ASTRONAUT
ASTRONOM
JORD
HIMMEL
KOMET
KONSTELLASJON
KOSMOS
METEOR

MÅNE
OBSERVATORIUM
PLANET
RAKETT
SATELLITT
STJERNE
SUPERNOVA
TELESKOP
UNIVERS

16 - Ballett

```
O K G I K C L T E K N I K K N
R O R N U V L V K X B P A L O
K M A T N M U I B M M V N P I
E P S E S P F S E R U O G U V
S O I N T B S H S Z K S N I K
T N Ø S N A K T P A I A I S S
E I S I E L K E I A L P V K C
R S D T R L Y H D L B P Ø G K
E T B E I E R G A C U L U Z F
L S C T S R T I N W P A N H E
K B O X K I T D S L Y U F U N
S J B L G N U R E W G S S N U
U V Z P O A O E R U E M T Y R
M S B Z Q X R F E T S J M Q R
K O R E O G R A F I T J Y A P
```

GRASIØS
APPLAUS
UTTRYKKSFULL
BALLERINA
KOREOGRAFI
FERDIGHET
GEST
INTENSITET
KOMPONIST
KUNSTNERISK

MUSIKK
MUSKLER
ORKESTER
ØVING
PUBLIKUM
RYTME
SOLO
STIL
DANSERE
TEKNIKK

17 - Geologie

```
K A L S I U M O Q G E Y S I R
Z L G P Q S T A L A K T I T T
M I N E R A L E R P G K K E K
M V O R M R A A J L D V O R O
E K Q Y G L S W A A R A R O N
U X P S B L Z R C T C R A S T
A D Y C A B S L X Å L T L J I
U D U X E O M U E I C S L O N
R E T T I M G A L A T S B N E
H O E V L E J K S D R O J Y N
S U T S U D X T L I S S O F T
O H L A T L V U A N O H A G D
N Z E E C E K E V G M J U N M
E X M W W T I A A Z N E E T A
P J S W U I V N N S R I M A A
```

JORDSKJELV
EROSJON
FOSSILT
SMELTET
GEYSIR
HULE
KALSIUM
KONTINENT
KORALL
LAVA

MINERALER
PLATÅ
KVARTS
SALT
SYRE
STALAGMITTER
STALAKTITT
STEIN
VULKAN
SONE

18 - Wissenschaft

```
P O R G A N I S M E T J P L N
Q L Q I F D P M P K N M A A A
K B A A G E J O O L E E R B T
W A K N Y X T L C I M T T O U
D A N O T H F E F M I O I R R
K I F J L E A K A A R D K A E
J R Q S I U R Y K V E E L T K
E P A U S B K L T I P N E O S
M H K L S A E E U A S P R R R
I P T O O L D R M U K Y K I O
S L O V F W G C R L E D F U F
K P V E M I N E R A L E R M Q
C Q H B H O Y D A T A Z X R P
D O G D G C T H Y P O T E S E
X A K D S I Q A C P Q G L V G
```

ATOM
KJEMISK
DATA
EVOLUSJON
EKSPERIMENT
FOSSILT
HYPOTESE
KLIMA
LABORATORIUM
METODE

MINERALER
MOLEKYLER
NATUR
ORGANISME
PARTIKLER
PLANTER
FYSIKK
TYNGDEKRAFT
FAKTUM
FORSKER

19 - Bildende Kunst

```
F  J  O  K  S  X  K  K  A  L  R  V  K  M  F
O  N  N  E  P  K  U  Z  Z  J  Q  W  X  A  I
T  Z  M  R  K  R  L  U  O  X  H  Q  X  L  L
O  N  C  A  R  I  L  E  F  F  A  T  S  E  M
G  S  E  M  G  T  V  M  E  P  X  M  K  R  A
R  G  K  I  H  T  Z  K  E  N  A  E  O  I  B
A  E  R  K  S  K  U  L  P  T  U  R  V  W  W
F  S  E  K  K  R  E  A  T  I  V  I  T  E  T
I  U  V  A  R  K  I  T  E  K  T  U  R  K  A
P  E  R  S  P  E  K  T  I  V  V  H  Q  N  R
A  Q  E  B  L  Y  A  N  T  L  E  I  R  E  T
N  M  T  P  O  R  T  R  E  T  T  H  Q  Z  I
B  U  S  S  J  A  B  L  O  N  G  L  F  D  S
K  L  E  Z  Q  S  J  L  O  T  Q  O  B  K  T
R  F  M  B  L  I  I  U  R  D  M  V  K  E  H
```

ARKITEKTUR	LAKK
BLYANT	MESTERVERK
FILM	PERSPEKTIV
FOTOGRAFI	PORTRETT
MALERI	SJABLONG
KULL	SKULPTUR
KERAMIKK	STAFFELI
KREATIVITET	PENN
KRITT	LEIRE
ARTIST	VOKS

20 - Mythologie

```
S O Z A U D Ø D E L I G H E T
O K C H R U T L U K K L A M T
P S A Y Z K Z O P T V E Q O X
P I W P R T E K R I G E R N K
F G F F N Y L T G E U F U S A
Ø A Z X V I F E Y L O O O T L
R M Y E E S N Z G P B R S E S
S O F V H U E G C B E T D R L
E S Q R L L D P F L S S Ø N A
L B T Y Q A R M K X L A D K B
H N D B G J O R F A E T E B Y
K E A G D S T A Q Y P A L K R
D K L H I M M E L H A K I K I
R Z Q T S T Y R K E K A G T N
L E G E N D E P Z U S N T I T
```

ARKETYPE	KULTUR
LYN	LABYRINT
TORDEN	LEGENDE
SJALUSI	MAGISK
HELT	MONSTER
HIMMEL	HEVN
KATASTROFE	STYRKE
SKAPELSE	DØDELIG
SKAPNING	UDØDELIGHET
KRIGER	OPPFØRSEL

21 - Restaurant #2

```
I  R  M  S  E  Y  G  G  Q  C  G  F  N  V  U
N  R  F  K  B  O  F  A  R  G  V  I  E  T  H
J  L  P  J  W  H  O  D  F  A  D  S  B  W  A
H  J  P  E  K  A  K  D  S  F  R  K  C  H  T
S  D  S  A  L  A  T  I  U  R  E  N  L  E  K
U  A  B  N  H  G  T  M  P  E  D  L  N  E  Q
X  I  L  P  U  I  E  L  P  K  D  O  U  H  Z
J  X  D  T  V  L  R  K  E  A  Y  T  D  I  W
H  S  H  K  K  I  R  D  X  S  R  S  L  S  J
O  N  L  U  T  E  O  G  G  N  K  T  E  N  H
I  N  Q  R  R  D  F  D  F  N  C  Z  R  O  E
L  Y  E  F  V  A  N  N  K  Ø  O  U  R  Q  R
P  U  X  F  F  Z  Z  I  F  R  J  D  O  E  M
W  Y  R  A  K  L  R  U  S  G  Q  M  M  W  H
M  X  P  Z  S  B  A  O  E  U  M  D  S  R  B
```

MIDDAG	KAKE
IS	SKJE
FISK	LUNSJ
FRUKT	NUDLER
GAFFEL	SALAT
GRØNNSAKER	SALT
DRIKK	STOL
KRYDDER	SUPPE
KELNER	FORRETT
DEILIG	VANN

22 - Ökologie

```
P G K R R L A N R R X J B D H
U L L E J F O Z I M Y L Y P I
F I A N U A F Z P N F Z P J Y
V R D N H P K N A T U R L I G
T E I G T A T I B A H Y Q J E
Ø C G V M E Y Z F A A M B T G
R C D E I A R O L F U K S O A
K M P B T L R E S R U S S E R
E O A Q D A L S M A R I N E T
G L O B A L S I A Q U A W R B
S A M F U N N J G S T C H L G
M A N G F O L D O E A M I L K
D D E D Z P O H S N N K C K R
B Æ R E K R A F T I G X F J T
O V E R L E V E L S E E T E G
```

ART
FJELL
TØRKE
FAUNA
FLORA
FRIVILLIGE
SAMFUNN
GLOBAL
KLIMA
HABITAT

MARINE
BÆREKRAFTIG
NATUR
NATURLIG
PLANTER
RESSURSER
MYR
OVERLEVELSE
VEGETASJON
MANGFOLD

23 - Boote

```
X B K Q K U A N H H S M T N A
J L Ø Z Y A N C X O E A Z T Y
K N P Y P T J B E N I R M H J
O N A K E K I A V S L I P C C
P A K S N N A M K Y B T S A M
B M B H F E R J E K Å I Q Y O
R Ø R A S O Z S E P T M K B T
Z J L V Y S X E F Q Å P F O O
E S J G A V B A C Y B C P B R
W O G H E T Å L F C V L E N I
T U I P V R E K N A I O N W D
N A U T I S K C Z Z L H Z C Z
L L R G K Z P N T U W Z T I G
I N N S J Ø W C O E Q F Q L P
J B H A X M Q U U U J Q J W T
```

ANKER
BØYE
MANNSKAP
FERJE
FLÅTE
ELV
KAJAKK
KANO
MARITIM
MAST

HAV
MOTOR
NAUTISK
LIVBÅT
INNSJØ
SJØMANN
SEILBÅT
TAU
BØLGER
YACHT

24 - Stadt

```
B R M Y S B S S B A K E R I D
U O G Q P M A X T W V U K B Y
A N K N A B L Z X A T U Q C R
U I I H Z K O Z F Q D I L C E
A K R V A Z N Z G L L I W P H
P N E G E N G M F V P A O M A
O N L T L R D T U Q L U E N G
T M L E O D S E Q D O J W E E
E L A L K A E I L M A R K E D
K N G G S A K E T O I L B I B
K L S B H C K M U E S U M R Z
J F D U N U L L E T O H E O
T E A T E R T K L I N I K K R
I T J B R E S T A U R A N T F
M F L Y P L A S S E N G D B W
```

APOTEK
BANK
BAKERI
BIBLIOTEK
BOKHANDEL
FLYPLASSEN
GALLERI
HOTELL
KINO
KLINIKK

MARKED
MUSEUM
RESTAURANT
SALONG
SKOLE
STADION
TEATER
UNIVERSITET
DYREHAGE

25 - Aktivitäten

```
S J W R H C S F N C W O C Q A
T K A J F U D I T I R F I H K
R D E D E L G S S Z Y P V G T
I D J R E V E K N E C A O X I
K J N B A K L E U G S Q Z E V
K V V N Y M L U K T Y P D B I
I Y C J G N I N P A L S V A T
N U D U G R P K L E S I N G E
G B A M K N S I K A Z W N T T
M G N I P M A C C K K T W K Q
T A S H Å N D V E R K A C V W
H K L X B H A G E A R B E I D
F E H E I A F M F U M A G I C
J G N I R E F A R G O T O F F
T I E N R I F O T T U R E R L
```

AKTIVITET
FISKE
CAMPING
AVSLAPNING
FOTOGRAFERING
FRITID
HAGEARBEID
MALERI
JAKT
KERAMIKK

KUNST
HÅNDVERK
LESING
MAGI
SY
SPILL
STRIKKING
DANS
GLEDE
FOTTURER

26 - Bienen

```
Ø K O S Y S T E M X B M E X Y
Z D S K V D H Z B K T C O L I
V O B O I O D C P B I C Z S N
D R Y V N M B L T X B W X A Q
B R K D G R O T A N I L L O P
H L O F E E H K T T K U R F M
P O O N R V Y E I D U T C W A
L I N M N S M S B R B S O L N
A Y E N S I O N A Ø E A E W G
N U L Z I T N I H Y H A G E F
T F L V Y N R G M K L Z I D O
E Q O N R N G E O U T M L I L
R T P G U N S T I G K R J F D
X B L O M S T E R C J C S U Y
R B I K P Q K U X B P M B O J
```

POLLINATOR   HABITAT
BIKUBE   ØKOSYSTEM
BLOMSTER   PLANTER
BLOMSTRE   POLLEN
VINGER   RØYK
FRUKT   SVERM
HAGE   SOL
HONNING   MANGFOLD
INSEKT   GUNSTIG
DRONNING   VOKS

27 - Wissenschaftliche Disziplinen

```
S  K  G  F  Z  I  U  I  U  P  I  C  B  Z  K
O  K  K  Y  O  M  M  G  M  S  A  H  I  H  I
S  I  J  S  O  O  Y  O  M  Y  H  F  O  X  N
I  M  E  I  L  T  T  L  N  K  O  S  L  E  E
O  A  M  O  O  A  Z  O  N  O  O  A  O  K  S
L  N  I  L  G  N  A  K  D  L  R  C  G  K  I
O  Y  Z  O  I  A  E  Ø  H  O  H  T  I  I  O
G  D  I  G  O  L  O  E  G  G  T  L  S  N  L
I  O  D  I  M  E  J  K  O  I  B  F  X  A  O
I  M  M  U  N  O  L  O  G  I  R  X  N  T  G
D  R  M  E  K  A  N  I  K  K  E  W  N  O  I
T  E  A  R  K  E  O  L  O  G  I  D  F  B  E
I  T  N  E  V  R  O  L  O  G  I  G  S  A  T
J  N  Y  I  M  I  N  E  R  A  L  O  G  I  O
L  I  N  G  V  I  S  T  I  K  K  O  O  L  W
```

ANATOMI
ARKEOLOGI
ASTRONOMI
BIOKJEMI
BIOLOGI
BOTANIKK
KJEMI
GEOLOGI
IMMUNOLOGI
KINESIOLOGI

LINGVISTIKK
MEKANIKK
MINERALOGI
NEVROLOGI
ØKOLOGI
FYSIOLOGI
PSYKOLOGI
SOSIOLOGI
TERMODYNAMIKK
ZOOLOGI

28 - Vögel

```
B P P Y A E Q N G C R A V N A
S A R F N U P I N G V I N R H
M P O Q D E G N I L L Y K Ø H
Z E U D Q V M L B S V A N E N
L G G R S W P O E K Å R K K R
F Ø U E F Q N X L G S B E Å L
L Y X V M N A D R K R C G M E
A E R V Q N S T O R K L Å E G
M H E G R E J G J R Z Ø S M G
I I B G Q U G N Z F T G J E Z
N A K I L E P B J Y T T D G H
G X B W H U O S H P Å F U G L
O O O Y W J C M P J I X H L I
H R P Q C X O Q G O P C W A L
I V B I X L C U T F Z L N W B
```

ØRN
EGG
AND
UGLE
FLAMINGO
GÅS
KYLLING
KRÅKE
GJØK
MÅKE

PAPEGØYE
PELIKAN
PÅFUGL
PINGVIN
RAVN
HEGRE
SVANEN
SPURV
STORK
DUE

29 - Biologie

```
N G I T G S O P P P N L P S K
N E H J N E G A L L O K R Y R
A S R F Y C P T A I E C O M O
T O U V H B P T N T M E T B M
U M A S E B V E T P B L E I O
R S R N S N I D E E R L I O S
L O U R A C A Y R R Y E N S O
I K Y W J T N R Z V O H M E M
G U C H J G O O S N A O U O Y
S Y N A P S E M R L A R T S M
J Y E S H C B D I V K M A R W
F O T O S Y N T E S E O S Q I
E V O L U S J O N F R N J Z F
K P V W C E S I T Y R Q O D H
U E N Z Y M Q Z E E L R N M O
```

ANATOMI
KROMOSOM
EMBRYO
ENZYM
EVOLUSJON
HORMON
KOLLAGEN
MUTASJON
NATURLIG
NERVE

NEVRON
OSMOSE
PLANTER
FOTOSYNTESE
PROTEIN
REPTIL
PATTEDYR
SYMBIOSE
SYNAPSE
CELLE

30 - Elektrizität

```
E D G N E M Q U T J B G G S H
R L H S D L U O C N P E X T A
X O E A N G V A Z H N N V I N
K N J K K N M Z Z M E E Z K K
S A V I T I S O P D T R E K V
I H B O I R A T M L T A P O N
R C O E V G I X K T V T N N Q
T G B Z L A R K U O E O E T Z
K P J N T L E L E I R R G A U
E U E O H N T J A R K J A K W
L T K F R M T N J M U E T T M
E S T E N G A M C I P Z I T V
B T E L Y Q B A T L I E V E Y
T Y R E G N I N D E L X W M J
M R Q T G S L A S E R N S U D
```

UTSTYR
BATTERI
LEDNINGER
ELEKTRIKER
ELEKTRISK
TV
GENERATOR
KABEL
LAGRING
LAMPE

LASER
MAGNET
MENGDE
NEGATIV
NETTVERK
OBJEKTER
POSITIV
STIKKONTAKT
TELEFON

31 - Garten

```
W V H U P H M I H B J S H Y B
D E R T G X E U V E P O J U L
P R C V B R G N C N T W R N O
S A P L E N E C G K N Z D D M
E N J W J T N S S E R G A R S
E D A P S D I Y S C K X M A T
G A V E A S L A N G E Ø N A N
A K L C R M O R A K E X Y O M
H U C C A T P B U N P Z S E E
T E D F G O M U X B O Y W H G
K C W H K E A S U Z O P Z R C
U Z K U Q P R K H A G E U H Z
R W R W A Y T T E R R A S S E
F G L I W D G J E R D E H Z E
Q H C U K S L N E C C U C B B
```

BENK
TRE
BLOMST
JORD
BUSK
GARASJE
HAGE
GRESS
HENGEKØYE
FRUKTHAGE

PLEN
RAKE
SPADE
SLANGE
DAM
TERRASSE
TRAMPOLINE
UGRESS
VERANDA
GJERDE

32 - Antarktis

```
S  J  W  Y  K  A  I  U  B  N  H  L  S  Y  E
M  T  D  M  S  B  F  B  E  V  J  K  Y  U  K
I  N  E  B  Y  U  T  T  V  H  F  H  G  N  S
G  E  V  I  N  K  I  F  A  R  G  O  E  G  P
R  N  Æ  J  N  T  H  W  R  V  J  M  M  G  E
A  I  R  W  M  E  K  B  I  A  K  H  I  I  D
S  T  I  S  R  R  T  O  N  N  L  C  N  N  I
J  N  I  V  S  F  E  E  G  N  H  A  E  M  S
O  O  R  U  T  A  R  E  P  M  E  T  R  A  J
N  K  H  T  O  P  O  G  R  A  F  I  A  W  O
Z  B  V  A  Q  K  M  V  A  B  A  P  L  U  N
V  I  N  D  L  M  C  E  H  W  S  V  E  O  E
B  L  N  Q  N  V  T  M  V  Y  V  I  R  A  Z
F  U  G  L  E  R  Ø  J  L  I  M  H  M  R  A
F  X  J  W  E  W  G  Y  F  O  R  S  K  E  R
```

BUKT	MIGRASJON
IS	MINERALER
BEVARING	TEMPERATUR
EKSPEDISJON	TOPOGRAFI
STEINETE	MILJØ
FORSKER	FUGLER
GEOGRAFI	VANN
ISBREER	VÆR
HALVØY	VIND
KONTINENT	

33 - Fahren

```
M O T O R D L T U B G A S S V
B N M M M A H R S R V U Y L Q
H E B C R O Q A G E J F A X D
T A G J B I O N D M J A G Z S
F B S O W C R S O S J R B A I
R H U T R A K P A E A E K H K
L J J N I N B O R R U E Q C K
I J R R T G E R A C B I L Z E
B L A D I T H T L I S E N S R
E R L H L R R E J S A R A G H
T G E B O W P A T X T B F L E
S U N N P B K E F U A U K S T
A X N E S W J N E I X S N E J
L G U C Y E G A D A K S P N B
G N T S L F L C D E K K Y L U
```

BIL
BREMSER
BRENSEL
BUSS
GARASJE
GASS
FARE
HASTIGHET
KART

LISENS
LASTEBIL
MOTOR
POLITI
SIKKERHET
TRANSPORT
TUNNEL
ULYKKE
TRAFIKK

34 - Physik

```
H O D L Y K E L O M F M U P Q
M A X A D B U H R A O O N A F
E H S S A G R W H S R T I R L
K P W T W D K M U S M O V T J
A S K S I M E J K E E R E I N
N C T O G G Q I Q U L V R K N
I V E A H H H O N H D M S K G
K H T K G R Æ E L K U N E E J
K N T A T O M A T P M H L L L
A M H E L E K T R O N R L R U
T P E M S I T E N G A M B C C
X P T E K S P E R I M E N T S
Y M K J W F R E K V E N S I F
A K S E L E R A S J O N F H A
V A R I A B E L J Q M N J W C
```

ATOM	HASTIGHET
AKSELERASJON	MAGNETISME
KAOS	MASSE
KJEMISK	MEKANIKK
TETTHET	MOLEKYL
ELEKTRON	MOTOR
EKSPERIMENT	NUKLEÆR
FORMEL	PARTIKKEL
FREKVENS	UNIVERSELL
GASS	VARIABEL

35 - Bücher

```
E A X Q M D O X M N C X W A O
S I D E R U B O G N D Q X H P
Y S R Y R A B C R T W G S T P
W E W E J L R E T T A F R O F
C O I K S I T S I R O M U H I
L P Q C W T E V E R K S M J N
O R M K F E K I Q K S Z Q Q N
L E S E R T Z O G N I L M A S
T L M E K G F R N R P V G Y O
R L P Q K H X R C T E O L L M
A E Z V A I R Y T N E V E I F
G T H I S T O R I E B K P C X
I R K L I T T E R Æ R R S B E
S O H I S T O R I S K K O T S
K F V U D R O M A N K R J Y X
```

EVENTYR
FORFATTER
DUALITET
EPISK
OPPFINNSOM
FORTELLER
DIKT
HISTORIE
SKREVET
HISTORISK

HUMORISTISK
SAMLING
KONTEKST
LESER
LITTERÆR
POESI
ROMAN
SIDE
SERIE
TRAGISK

36 - Menschlicher Körper

```
J  C  G  T  D  P  Q  G  V  Y  U  F  M  K  C
B  D  N  Q  F  S  F  E  K  J  M  C  V  N  T
M  I  H  O  L  W  G  M  V  J  D  L  I  A  X
Z  F  S  A  T  S  P  I  W  W  Q  T  I  F  E
K  P  P  E  K  K  K  B  K  T  D  L  X  H  L
B  L  O  D  I  E  M  U  K  Y  N  N  F  A  N
W  R  S  U  S  N  U  M  L  B  E  I  N  L  T
E  U  Z  H  N  R  N  K  N  D  V  N  I  S  R
A  F  A  U  A  E  N  K  E  N  E  U  B  L  A
A  P  W  Ø  Q  J  S  H  S  Å  J  R  Z  E  T
Z  N  N  R  P  H  O  X  E  H  K  M  M  T  T
L  F  K  E  C  F  I  N  G  E  R  U  I  R  U
V  B  J  E  E  I  H  T  L  B  H  O  D  E  N
Z  T  L  M  L  F  M  H  G  D  A  Q  A  J  G
P  F  X  J  H  Y  B  J  U  D  V  C  R  H  E
```

BEIN	KJEVE
BLOD	HAKE
ALBUE	KNE
FINGER	ANKEL
HJERNE	HODE
ANSIKT	MUNN
HALS	NESE
HÅND	ØRE
HUD	SKULDER
HJERTE	TUNGE

37 - Agronomie

```
R E M E T S Y S P P R E G F P
Q A Q I G O L O K Ø S N J O R
D P U Z L B E M I H P E Ø R O
W C J N O J S O R E C R D U D
G Z B R F W Ø A O R F G S R U
M R S Y K D O M M E R I E E K
L E Ø Q L R N B P Q D O L N S
A T X N C O E F V E K S T S J
N N S V N J S C I L B A H I O
D A P A K S N E T I V T M N N
L L H N D G A B W M K Q Q G K
I P O N H K K K U R B D N A L
G S T U D E R E E Q F J L J C
O R G A N I S K P R D K P I X
B Æ R E K R A F T I G P Y N A
```

JORD
GJØDSEL
ENERGI
EROSJON
GRØNNSAKER
SYKDOMMER
LANDBRUK
LANDLIG
BÆREKRAFTIG
ORGANISK

ØKOLOGI
PLANTER
PRODUKSJON
STUDERE
SYSTEMER
MILJØ
FORURENSING
VEKST
VANN
VITENSKAP

38 - Landschaften

```
C Z Y B B D G G S M V F E G I
V H Ø V R P F F T G R P A A S
H U V U T J X C Z I Ø T Y Y F
E F L U G X G F A U R D P Y J
I Q A K Q D V L A X K I X J E
F L H L A R D N U T E K L P L
U N X L K N S Å M L N N C G L
E W K B D Z T H A V X L X S F
M C K A A E R K U Ø Y E S M P
W O W I L G A I V L K S C E R
F V Z E L J N X N K E R B S I
O C Q F E R D U R N U U V A S
S T B F J E L V A H S A K O Y
S F I B F I X A N B Y J L A E
Y K L G B K S U M P R I Ø Z G
```

FJELL   HAV
ISFJELL   OASE
ELV   INNSJØ
GEYSIR   STRAND
ISBRE   SUMP
GULF   DAL
HALVØY   TUNDRA
HULE   VULKAN
ÅS   FOSS
ØY   ØRKEN

39 - Abenteuer

```
N F S N U Z Z S J A N S E U D
K O I K A M R M N I Z N M T C
B R V R J V E R E I S E R F I
G B U J O Ø I L J U H G G L C
L E D E L G N G C H G G L U M
E R K T G I L N A V U K B K U
E E N Q N G O N H S Y D P T L
F D Y S G U Z A I E J E Q C I
A E T U R E S I E R T O G N G
R L E N T U S I A S M E N A H
L S S I K K E R H E T J A T E
I E D N E K S A R R E V O U T
G V A N S K E L I G H E T R X
V E N N E R T H B X X Y K Z G
T A K T I V I T E T T U D X N
```

AKTIVITET
UTFLUKT
ENTUSIASME
SJANSE
GLEDE
VENNER
FARLIG
MULIGHET
NATUR
NAVIGASJON

NY
REISER
REISERUTE
SKJØNNHET
VANSKELIGHET
SIKKERHET
UVANLIG
OVERRASKENDE
FORBEREDELSE

40 - Flugzeuge

```
B K V N B K D S F M T K Z P N
D A P R O P E L L E R D E Q A
E P L H L A W Z L T A E E A V
S J E L Q K G V N C L H Y H I
I S M G O S N X C P G S T P G
G M M N S N E L U B R U T A E
N E I I L N G H I L T Q O S R
J R H N G A B E Ø G K P L S E
H Æ L M Q M D J U Y X X I A I
B F E A O O A G G U D I P S R
O S S T O M O T O R F E V J O
K O N S T R U K S J O N Æ E T
C M E V H Y D R O G E N R R S
D T R A L U F T X X F X I U I
S A B E V E N T Y R N W S R H
```

EVENTYR
AVSTAMNING
ATMOSFÆRE
BALLONG
BRENSEL
MANNSKAP
DESIGN
HISTORIE
HIMMEL
HØYDE

KONSTRUKSJON
LUFT
MOTOR
NAVIGERE
PASSASJER
PILOT
PROPELLER
TURBULENS
HYDROGEN
VÆR

41 - Haartypen

```
M B W I T X S U N N S T T H L
Q K Z F Ø I C W N A Ø Y J Y A
D V X T R A V S Y Y L K Y M N
K P G Å R G I H T F V K H R G
M O R M E F X V E L X U B R K
B Z R N L X N J L E D T P B R
N B X T L I E X L T V T D K Ø
Q S D O Ø L B E A T E C I J L
O D M S R I X V K E M G D A L
J M Y J K K F D S T I N R A E
W J B Ø L G E T E E F S T A T
R B M B L O N D B F M Z D W F
Q G P A P U U F L E T T E R X
F D M F O O R L A V K Q I J Z
P B W A H D B W Q R D N P Y V
```

BLOND
BRUN
TYKK
TYNN
FARGET
FLETTET
SUNN
GRÅ
SKALLET
KORT

LANG
KRØLLER
KRØLLET
SVART
SØLV
TØRR
MYK
HVIT
BØLGETE
FLETTER

42 - Essen #1

```
S Q U G U L R O T B E S P V W
N I T X U D U Z L I D P E H R
S O T T Ø J K Ø L E R N A Y U
W K A R E K K U S S D N N I F
C N L G O N E P E M D G Ø D K
Q E A J D N M S F C I P T D F
N K S I F N U T A S T V T S E
Y U L R A P K S N L N G A I O
C O C E Y K I Z D Q T W N H J
L Y E R M H L S U P P E I V O
Y U A Æ Z W I K A N E L P I R
S D K P Y E S J U I C E S T D
R U W D O M A Q R T R S X L B
F M U P F S B P K A F F E Ø Æ
S S A D W V F D R G Q L L K R
```

BASILIKUM
PÆRE
JORDBÆR
PEANØTT
KJØTT
KAFFE
GULROT
HVITLØK
MELK
NEPE

JUICE
SALAT
SALT
SPINAT
SUPPE
TUNFISK
KANEL
SITRON
SUKKER
LØK

43 - Gebäude

```
R U O N I K M M O Q F S A S K
L N B O A A Z T L E T Y M K V
A I S I F K Y D Å K G K B O G
B V E D E A N E J R S E A L T
O E R A H J B K C T N H S E E
R R V T J G G R G R H U S R A
A S A S S Q O A I G E S A K T
T I T G Å R D M R K P K D P E
O T O C H R U R Z A K Y E F R
R E R I W M L E I G S F L P S
I T I L K V Z P H E F J L D S
U M U E S U M U G M P R E Y P
M T M V K D T S A K M M T E C
H Y T T E G R E B R E H O G V
L Å V E Q P I M G Y S W H I I
```

GÅRD
AMBASSADE
FABRIKK
GARASJE
HERBERGE
HOTELL
HYTTE
KINO
SYKEHUS
LABORATORIUM

MUSEUM
OBSERVATORIUM
LÅVE
SKOLE
STADION
SUPERMARKED
TEATER
TÅRN
UNIVERSITET
TELT

44 - Mode

```
O V R N E D E J K S E B B T B
G U X S L I T S V H K S C O L
Q X I K E T R E N D Z T L A O
G D F Z G I L E M I R O E E N
P X B L A N I G I R O F K F D
K O P A N Y B W E F O F S Z E
B K S I T S I L A M I N I M R
C O T M B R O D E R I K T M N
M E U E O M E D Y R T N K Ø M
I O K T K D Q P F P L A A N Y
O X V G I S E W Q F G P R S N
X B A E I Q T R Y P X P P T T
K L Æ R I V U U N P U E Z E W
K J E N K E L E R E W R D R E
K O M F O R T A B E L N O O E
```

BESKJEDEN
BOUTIQUE
ENKEL
ELEGANT
RIMELIG
KLÆR
KOMFORTABEL
MINIMALISTISK
MODERNE
MØNSTER

ORIGINAL
PRAKTISK
BLONDER
BRODERI
STIL
STOFF
KNAPPER
DYRT
TEKSTUR
TREND

45 - Angeln

```
T Å L M O D I G H E T K S B W
K K O K P N V B Z G W J X D F
E O V O B A H Å C L G E E B R
V R U K R R P T X Z K V S E A
I K Y J E T L Z X H M E L E Y
L N B D L S F I N N E N E T M
Z N N V L E O O U E G M V Q L
W A N S E R D I T S R Å I M M
W V B U J X I N I I L N R W F
I X D Q G Ø U Q I S T M D N H
L V V Y J U T W I N N B R F R
V W C I Q U S G Z H G V E M N
U V T D J A T J G C A V V X J
N D F T P G Y V D B N V O V Z
X M U A J B R P E E C G A U M
```

UTSTYR
BÅT
LEDNING
FINNENE
ELV
TÅLMODIGHET
VEKT
KROK
ÅRSTID
KJEVE

GJELLER
KOKK
KURV
AGN
HAV
INNSJØ
STRAND
OVERDRIVELSE
VANN

46 - Essen #2

```
S E G R A P S A T S O P P J U
I E N I G R E B U A B A N A N
R L L Q U B R Ø D D M J S F B
Æ P I L O K K O R B U O O G C
B E Z C E K N I K S N G T O V
E T E V H R H H N M U R Y T Q
S K K O J S I T R A F I S K M
R O M F U P E B C E M J H O A
I Z Q V H I G D U P Z A X F N
K Z R H I M O B B Q G V W K D
A C W I T X O J S D T C P G E
Y O G H U R T S E G G I G P L
S Y U C C J T S A K J A K R A
D T N M U V S J O K O L A D E
Q T E Y N X N Q Z M T S H T F
```

EPLE
ARTISJOKK
AUBERGINE
BANAN
BROKKOLI
BRØD
EGG
FISK
YOGHURT
OST

KIRSEBÆR
MANDEL
SOPP
RIS
SKINKE
SJOKOLADE
SELLERI
ASPARGES
TOMAT
HVETE

47 - Energie

```
M H K S A J I H T B P B M Q N
F I Q Y J J O P M Y D Z K S U
B S L E S E I D H B U A E F K
C K O J F O R N Y B A R E D L
I O S D Ø F N I S N E B H T E
N O B R A K O V T U R B I N Æ
D L W K S I R T K E L E R I R
U V I Y Y M T Q O C L W E J L
S D L W E R K Z L N M A T F L
T L K C N J E F I P O R T N E
R M T E Q E L M E S T J A Q S
I R Y U V Y E H R G O E B J N
H Y D R O G E N F A R S F D E
H K D H F G D T Q H V A O S R
F O R U R E N S I N G I R I B
```

BATTERI
BENSIN
BRENSEL
DIESEL
ELEKTRISK
ELEKTRON
ENTROPI
FORNYBAR
VARME
INDUSTRI

KARBON
MOTOR
NUKLEÆR
FOTON
SOL
TURBIN
MILJØ
FORURENSING
HYDROGEN
VIND

48 - Familie

```
M K F X B W G G F T W Q C S E
G Q R M T J F A N O S U I T K
A D Q W G V V S Y M G E R A T
C Y N R A M M O D N R A B M E
K W B V D K U O R A Z X N F M
K V D W X E D L R O O J O A A
R O M E T S E B O S B N F R N
N E V Ø S E T B M A T R K L N
S N T U B I N E X O C A B E V
P O P T N N A S X L U B I S L
L K X R E Z T T N K Z M Z Ø Y
Y M D O P F R E T T A D M S T
G I L R E D A F L H W T X T C
N R A B E N R A B M W B Y E H
N L S V O K K R A F F K B R L
```

BROR
KONE
EKTEMANN
BARNEBARN
BESTEMOR
BESTEFAR
BARN
BARNDOM
MOR
MORS

NEVØ
NIESE
ONKEL
SØSTER
TANTE
DATTER
FAR
FADERLIG
FETTER
STAMFAR

49 - Pflanzen

```
K O O G B L O M S T B S G X F
M R O L J Y U C B S U T K A K
O Æ O M S Ø J N Q K S B K O J
S B E N U Z D I G J K T I F G
E G A H B G N S Q B A F N L A
R N F E M L Z N E G J R A O R
T N K R A G A J A L U B T R U
E F Ø Y B A F D R O T C O A L
B Ø N N E B T S N P X M B H Ø
C Q W Y I N O J S A T E G E V
E M O F R D L X P J S T W G V
P G L V L G G R E S S N N C E
A Y L R T M E F G C M E H P R
I C D Z N P P A M P D Z T F K
O P G J Y A B U J K D F T V I
```

BAMBUS   FLORA
TRE   HAGE
BÆR   GRESS
BLOMST   KAKTUS
KRONBLAD   URT
BØNNE   LØVVERK
BOTANIKK   MOSE
BUSK   VEGETASJON
GJØDSEL   SKOG
EFØY   ROT

50 - Kunst

```
S G K K Y R T T U N V P L I A
S K S K A P E N M E F X F G P
U K I L R A Y U B Z W E Z B P
R O M L K N M M V S G T T Q Y
R M A M D Z L J I F Æ R L I G
E P R A S R K O S I S E O P P
A L E L K Ø E R U E S R B H E
L E K E U M K I E P Z I M M R
I K T R L U Z G L X W P Y U S
S S D I P H W I L E E S S S O
M H B E T Y M N E M Y N U A N
E H H R U D D A B N Y I C C L
B R G D R V L L U A K Z G G I
P Y X T B F N I I U J E Z O G
U A Y H J S C K O H Y S L Y O
```

UTTRYKK
ÆRLIG
ENKEL
EMNE
MALERIER
INSPIRERT
KERAMISK
KOMPLEKS
ORIGINAL

PERSONLIG
POESI
SKILDRE
SKAPE
SKULPTUR
HUMØR
SURREALISME
SYMBOL
VISUELL

51 - Gewürze

```
S M Y A Q K E Y Q O Y V W W E
I A K I R P A P O S F Q R U S
N Y F S A L T Ø S B E E X Y N
A Q M R E P P E P K A R R I T
L Ø K T A F V L A K R I S M T
H T S N V N F M U S K A T L L
C V H Q U U I E J L I N A V L
X M I H Y F X R D B I T T E R
V J L T V N H W G D U K N Y Æ
Z F H K L E N A K A M S D M F
I Z S V P Ø H I O O Z A L M E
S U R A L E K I N N E F C Y G
K A R D E M O M M E Z M X V N
J V L Y U Y N Z V K R E Z S I
H W Q W R V K L U K G T J P S
```

ANIS
BITTER
KARRI
FENNIKEL
SMAK
INGEFÆR
KARDEMOMME
HVITLØK
LAKRIS
MUSKAT

FEDD
PAPRIKA
PEPPER
SAFRAN
SALT
SUR
SØT
VANILJE
KANEL
LØK

52 - Kreativität

```
D R A M A T I S K M S D W I I
Y R T F K K Y R T T U J T N N
C Z R K S D H N A Y H F H S N
I O J G I R E S L E L Ø F P T
N T E H R A L K Y K J F L I R
T F Ø L E L S E X M V J X R Y
E F C J N F V N L X I X L A K
N H N A T N O P S O S L S S K
S F Z I S A T N A F J O S J D
I M O S N N I F P P O U Y O N
T T F J U I D E E R N I I N U
E L H B K D P N N V E D L I B
T F E R D I G H E T R C Z M A
I N T U I S J O N N S B Y C K
A U T E N T I S I T E T J M H
```

UTTRYKK
AUTENTISITET
BILDE
DRAMATISK
INNTRYKK
OPPFINNSOM
FERDIGHET
FLYT
FØLELSER
IDEER

INSPIRASJON
INTENSITET
INTUISJON
KLARHET
KUNSTNERISK
FANTASI
FØLELSE
SPONTAN
VISJONER

53 - Geschäft

```
I  N  N  T  E  K  T  A  N  K  Y  Q  P  P  F
S  I  N  V  E  S  T  E  R  I  N  G  R  E  A
A  K  O  B  M  O  A  T  B  D  Z  P  O  N  B
K  R  A  J  J  Y  B  Y  A  C  F  V  F  G  R
O  E  B  T  D  S  A  P  M  S  Q  X  I  E  I
N  R  B  E  T  R  R  F  X  Y  N  Z  T  R  K
T  A  W  E  I  E  G  W  J  M  V  A  T  C  K
O  V  T  D  B  D  R  B  U  D  S  J  E  T  T
R  S  Y  N  O  J  S  K  A  S  N  A  R  T  Y
B  L  S  I  T  O  M  G  B  W  D  U  Y  N  H
U  E  A  T  U  L  A  V  I  M  O  N  O  K  Ø
T  D  L  K  J  W  W  K  E  V  K  O  S  T  E
I  N  G  O  J  Q  S  Z  I  R  E  D  E  L  G
K  A  Y  A  D  T  P  E  R  E  I  R  R  A  K
K  H  T  A  Q  D  H  U  J  Z  V  X  M  V
```

ARBEIDSGIVER	KOSTE
BUDSJETT	LEDER
KONTOR	ANSATT
INNTEKT	RABATT
FABRIKK	SKATTER
PENGER	TRANSAKSJON
BUTIKK	SALG
PROFITT	HANDELSVARER
INVESTERING	VALUTA
KARRIERE	ØKONOMI

54 - Ingenieurwesen

```
N K A I P E L K X U F D B S T
R F L E I R O T O M R I E K E
A J X V G E W A Z G I E R T C
D Y B D E T X B I U K S E E V
T V Æ S K E K R Y T S E G T I
F M O U I M P U B P J L N I N
I M Å R J A Z T G J O R I L K
R J J L J I U K O I N K N I E
D N C R Q D L U V P M E G B L
M M A S K I N R D I A G R A M
E N E R G I J T E W T R E T P
R U Q D X R O S Z K S W S S W
F J F S E V F D V D A T K G H
M C B D W A C A Z M N P A T K
K O N S T R U K S J O N S X M
```

AKSER
FREMDRIFT
BEREGNING
DIAGRAM
DIESEL
DIAMETER
ENERGI
VÆSKE
SPAKER
KONSTRUKSJON

MASKIN
MÅL
MOTOR
FRIKSJON
STABILITET
STYRKE
STRUKTUR
DYBDE
VINKEL

55 - Gemüse

```
E Y S M P R L B G J B L E D P
X H S O P P G I R T A E D J O
N V G K O T W A Æ O N R O S T
V I R B Q P K G F R K C V V E
S T A N I P S U E L K K X I T
E L K E I B Z R G U O A O E R
L Ø S V A E F K N G J I B L E
L K S I K Z V X I A S Y U Å I
E Y E L L I S R E P I V N K T
R E R O B E H Z P E T Y V M W
I Y G L Ø K P G L T R B H O K
D T J N S A L A T J A M A L H
C D Z E M C H P W S K M Z B W
O D C P B A U W O E L J O C P
N O P E A U B E R G I N E T T
```

ARTISJOKK
AUBERGINE
BLOMKÅL
BROKKOLI
ERT
AGURK
INGEFÆR
GULROT
POTET
HVITLØK

GRESSKAR
OLIVEN
PERSILLE
SOPP
NEPE
SALAT
SELLERI
SPINAT
TOMAT
LØK

56 - Schönheit

```
S  S  M  K  X  F  Y  T  Q  Q  J  W  C  T  N
Y  J  N  C  K  O  C  M  A  Z  M  N  I  J  D
A  R  A  C  S  A  M  W  G  L  A  T  T  E  G
S  Q  O  M  R  A  J  S  P  P  O  F  E  N  Y
G  R  X  T  P  B  P  E  O  Q  J  U  V  E  P
U  L  P  O  Y  O  H  U  D  G  Z  D  A  S  F
T  A  K  R  B  E  L  E  G  A  N  T  J  T  K
S  A  K  S  O  S  Q  O  F  A  R  G  E  E  P
I  A  I  T  B  D  P  X  B  F  S  Q  S  R  L
L  Y  T  V  F  B  U  E  D  Å  N  U  N  S  D
Y  R  E  L  L  Ø  R  K  I  P  P  L  A  L  X
T  I  M  O  L  J  E  R  T  L  X  X  G  G  B
S  L  S  Y  T  F  I  T  S  E  P  P  E  L  O
L  Y  O  F  O  T  O  G  E  N  R  C  L  W  W
V  L  K  V  X  D  O  E  U  T  A  C  E  P  P
```

NÅDE	KOSMETIKK
SJARM	LEPPESTIFT
TJENESTER	KRØLLER
DUFT	OLJER
ELEGANT	PRODUKTER
ELEGANSE	SAKS
FARGE	SJAMPO
FOTOGEN	SPEIL
GLATT	STYLIST
HUD	MASCARA

57 - Tanzen

```
T  K  U  L  T  U  R  E  L  L  G  G  J  B  G
V  I  S  U  E  L  L  J  F  W  P  T  J  R  L
F  O  K  Z  T  P  H  S  A  P  P  Y  T  I  E
T  Ø  I  F  A  R  G  O  E  R  O  K  Y  O  D
S  R  L  L  U  F  S  K  K  Y  R  T  T  U  E
N  H  A  E  S  X  J  D  E  B  K  A  K  G  L
U  O  H  D  L  A  C  D  D  T  K  K  U  Z  I
K  P  G  Å  I  S  M  B  H  K  I  A  L  C  G
H  P  M  N  T  S  E  B  E  W  S  D  T  L  N
S  E  K  G  A  Z  J  R  O  O  U  E  U  W  I
C  F  K  J  A  T  J  O  G  E  M  M  R  N  V
H  O  L  D  N  I  N  G  N  Z  R  I  R  D  Ø
R  W  N  T  Q  S  E  S  L  E  G  E  V  E  B
M  F  L  Q  K  S  I  S  S  A  L  K  O  H  X
R  Y  T  M  E  I  W  I  M  G  S  L  J  J  S
```

AKADEMI	KULTUR
NÅDE	KULTURELL
UTTRYKKSFULL	KUNST
BEVEGELSE	MUSIKK
KOREOGRAFI	SAMBOER
FØLELSE	ØVING
GLEDELIG	RYTME
HOLDNING	HOPPE
KLASSISK	TRADISJONELL
KROPP	VISUELL

58 - Ernährung

```
Q V I T A M I N N E V Z C H O
S M A K G B W V Æ G H E O U R
K R C S V R E I R O L A K B U
X V N R X V H H I G J K E T Z
U Y A M N C G O N N U S O W E
X L L L U A U Z G N I R Æ J G
G I F T I R Y X S X B S D Z Q
D P P E X T M E S D I P T V S
Z Z I T A V E H T I T I D W U
S A U S O R J T O E T S M E G
A P P E T I T T F T E E H U L
R N E S P A C Q F T R L R Y X
T E S L E Y Ø D R O F I D J O
A J R E N I E T O R P G R T J
T F Q H B A L A N S E R T R B
```

APPETITT
BALANSERT
BITTER
DIETT
SPISELIG
GJÆRING
SMAK
SUNN
HELSE
VEKT

KALORIER
NÆRINGSSTOFF
DEL
PROTEINER
KVALITET
SAUS
GIFT
FORDØYELSE
VITAMIN

59 - Länder #1

```
P U M Z E V F K Q M W L C E N
Q O J S O E I A S N G A A G E
W F L W O N N M R E C T N Y O
S W A E D E L B I G T V A P M
Z M G I N Z A O N R V I D T L
I T E N A U N D S O A A A I W
B R N D L E D S D N U K V T K
D C E I K L A J X B G W I A U
N N S A S A J A Z P A Q E L R
B Y H S Y G E U A A R K T I O
D L Z S T S P A N I A R N A M
M I S R A E L J G S C D A K A
Z A B R A S I L V E I C M J N
Q W L P Z F H G Y U N H M K I
R M E I U K D V D M U R P S A
```

EGYPT   LATVIA
BRASIL   MALI
TYSKLAND   NICARAGUA
FINLAND   NORGE
INDIA   POLEN
IRAK   ROMANIA
ISRAEL   SENEGAL
ITALIA   SPANIA
KAMBODSJA   VENEZUELA
CANADA   VIETNAM

60 - Technologie

```
T O A Q F P Q N M P U K X J Z
T I J Y E L K I E R Ø K R A M
E T Y B I N J K L O S F C K F
N S K R I F T S D G G O L B O
R E U H D A T A I R B I P L R
E K T Z L E C M N A O V L L S
T P H T M A C A G M V I S E K
N Z I F L I F T T V E N U U N
I B S C J E B A E A Z I R T I
S K J E R M S D J R Y Y I R N
Q K A M E R A E E E L O V I G
Y Y P X S I K W R O L K J V M
L I S T A T I S T I K K H B C
S I K K E R H E T P H J Y V Z
A D I G I T A L T P S N Y D L
```

VISE
SKJERM
BLOGG
NETTLESER
BYTE
DATAMASKIN
MARKØR
FIL
DATA
DIGITALT

FORSKNING
INTERNETT
KAMERA
MELDING
SKRIFT
SIKKERHET
PROGRAMVARE
STATISTIKK
VIRTUELL
VIRUS

61 - Science Fiction

```
I  B  M  D  Q  Z  F  F  G  H  K  D  E  S  L
N  R  Y  C  K  G  U  A  V  I  Z  D  K  X  O
N  A  S  K  U  A  T  N  U  G  Q  O  S  I  Y
B  N  T  W  T  L  U  T  A  O  T  K  T  L  E
I  N  I  Q  O  A  R  A  I  L  B  O  R  L  K
L  E  S  X  P  X  I  S  R  O  B  U  E  U  S
T  E  K  B  I  Y  S  T  O  N  I  K  M  S  P
M  S  Y  S  O  A  T  I  B  K  P  V  K  J  L
P  L  A  N  E  T  I  S  O  E  O  E  Z  O  O
B  N  E  E  L  I  S  K  T  T  T  R  X  N  S
B  Ø  G  K  B  A  K  F  E  Y  S  D  N  S  J
Q  Q  K  P  A  F  Z  Y  R  Y  Y  E  G  P  O
G  R  U  E  Q  R  L  V  E  V  D  N  I  B  N
U  A  L  X  R  R  O  S  C  E  N  A  R  I  O
R  E  A  L  I  S  T  I  S  K  O  E  A  P  S
```

BØKER	INNBILT
DYSTOPI	KINO
EKSPLOSJON	ORAKEL
EKSTREM	PLANET
FANTASTISK	REALISTISK
BRANN	ROBOTER
FUTURISTISK	SCENARIO
GALAXY	TEKNOLOGI
MYSTISK	UTOPI
ILLUSJON	VERDEN

62 - Literatur

```
D A N E K D O T E U L E W L Q
B I G O L A N A K U D S U V K
D N A G N F O R T E L L E R O
Z I H L L O R O F A T E M E N
V Z K A O T N H J D U V T T K
W F X T P G W T E M A I Y T L
X R Y J C T L N D I S R R A U
P T R A G E D I E R N K B F S
I O X M S O T J E Q G S I R J
J T E S Y L A N A B C E O O O
D L I T S J A N G E R B G F N
Q P Z K I I L A R V H Z R S I
E S T Y R S R M U C S H A W A
X J B R F T K O N V S U F E M
R R G O O U Y R F V Z F I B U
```

ANALOGI
ANALYSE
ANEKDOTE
FORFATTER
BESKRIVELSE
BIOGRAFI
DIALOG
FORTELLER
DIKT
SJANGER

METAFOR
POETISK
RIM
RYTME
ROMAN
KONKLUSJON
STIL
TEMA
TRAGEDIE

63 - Wandern

```
S  B  Y  F  F  D  J  R  C  J  I  S  W  G  Z
J  L  E  J  F  R  R  S  F  K  A  R  A  Y  Z
K  B  Z  E  S  L  E  D  E  R  E  B  R  O  F
O  L  L  L  F  W  N  Z  E  Æ  F  H  E  C  U
U  R  I  L  W  G  A  A  F  V  F  Z  K  A  M
C  W  I  P  Q  E  T  T  V  A  N  N  R  M  U
Y  T  K  E  P  Z  U  L  J  V  H  W  A  P  T
S  O  L  H  N  E  R  S  Q  D  Y  R  P  I  U
F  H  Z  A  H  T  R  A  K  U  V  I  S  N  N
H  A  Y  H  T  Ø  E  K  L  I  M  A  T  G  G
K  S  R  A  T  M  L  R  L  H  K  I  E  U  Q
K  H  Y  E  Ø  P  V  Q  I  U  X  Q  I  C  W
B  F  C  A  R  P  Ø  X  V  N  R  U  N  T  W
M  J  C  B  T  O  T  T  L  X  G  N  E  A  H
Z  V  U  A  O  T  S  T  G  T  A  L  R  E  T
```

FJELL	PARKER
CAMPING	TUNG
FARER	SOL
TOPPMØTE	STEINER
KART	STØVLER
KLIMA	DYR
KLIPPE	FORBEREDELSE
TRØTT	VANN
NATUR	VÆR
ORIENTERING	VILL

64 - Globale Erwärmung

```
A Q C I E G N I N V I G V O L
F R H X G U N Å N W E X B M Q
R G K T X L M O H D Q Y Q R V
E R E T A T I B A H U S P M P
M P I D I G R E N E W S X R D
T O T Y A S E X M R R Q T Y H
I A Z R H T K J K V G K N R P
D P A O Q R A T L Q J R B G I
U T V I K L I N G R X I N G Y
F O R S K E R Y K Y V S G A K
N R E R U T A R E P M E T S L
O P P M E R K S O M H E T S I
I N T E R N A S J O N A L A M
L B S N Y Y M I L J Ø S K J A
G E N E R A S J O N E R D K V
```

ARKTISK
OPPMERKSOMHET
DATA
ENERGI
UTVIKLING
GASS
GENERASJONER
LOVGIVNING
INDUSTRI

INTERNASJONAL
NÅ
KLIMA
KRISE
HABITATER
TEMPERATURER
MILJØ
FORSKER
FREMTID

65 - Länder #2

```
L M M P W O Q L K K L I L F G
D U Z J P K D T E Y V Q Z X I
L S M N J C S S C M A Y N E K
O A Y A N A I R E B I L E P G
H L O T Y F P V A T K T P P B
P L O S B S W A I R Y S A A I
T E E I K U D E N J Q X L N D
M H U K Z D U T A I R E G I N
G E S A K A P I B T U T J A A
Z F X P H N Z O L I S F O R L
H A O I T U F P A A S E J K R
S F S R C V K I B H L M S U I
R H O X Y O J A D N A G U S A
J A M A I C A U E X N G I V K
F R A N K R I K E S D G U K J
```

ALBANIA
ETIOPIA
FRANKRIKE
HELLAS
HAITI
IRLAND
JAMAICA
JAPAN
KENYA
LAOS

LIBERIA
MEXICO
NEPAL
NIGERIA
PAKISTAN
RUSSLAND
SUDAN
SYRIA
UGANDA
UKRAINA

66 - Fahrzeuge

```
D E K K Q X F K G W L I U M B
G N G O V G N I P M A C N Q U
O E S N A L U B M A S N D B S
T J S S G I J W Z V T S E W S
T R C X I B G R E W E I R Q P
E E A S C O O T E R B H V A C
T F Q K F L Å T E V I V A I Q
B A B A T R F L Y H L L N E A
B Å X J K O S Y K K E L N M A
M D T I X T R O L W R B S Z J
H E L I K O P T E R T I B V A
K R K S V M R A K E T T Å X Y
U K B M T J C Z N J G Z T Q Q
A O F P L Q O D V T S Q R F U
W T L I H C C Y L L Q U D P V
```

BIL
BÅT
BUSS
SYKKEL
FERJE
FLÅTE
FLY
HELIKOPTER
AMBULANSE
LASTEBIL

MOTOR
RAKETT
DEKK
SCOOTER
TAXI
TRAKTOR
UNDERVANNSBÅT
CAMPINGVOGN
TOG

67 - Musikinstrumente

```
T R O M P E T Q W P Y U L X Y
T G N I L O D N A M G J H B T
E E O B O N A I P V N W H M R
Q M F L E A B T E I E T P P O
E N O B M O R T G P B R V L M
C I S T T T E N I R A L K C M
E L K P A K X I T T O G A F E
L O A C E M B Q A A N M X B G
L I S J T R B W R Q W B O L U
O F Z J Y F K U B A N J O W E
P H V P Ø S J U R W O U R G U
G O N G L K Z N S I H A R P E
W P J P F H J M N J N H N W U
S M A R I M B A X M O C M V A
M U N N S P I L L N N N Q K U
```

BANJO
CELLO
FAGOTT
FLØYTE
FIOLIN
GITAR
GONG
HARPE
KLARINETT
PIANO

MANDOLIN
MARIMBA
MUNNSPILL
OBO
TROMBONE
SAKSOFON
PERKUSJON
TAMBURIN
TROMME
TROMPET

68 - Blumen

```
M H T G E G K B D Q Q B W B B
A I D A T W E R E V Ø L K U K
G B O R S P K R O B Z H I K L
N I M D M E K W R N P F R E Ø
O S H E O H I O K O B C Y T V
L K O N L L S J K B S L D T E
I U A I B A L L I L W E A E T
A S I A S V O Y B M V N Q D A
D Y R F N E S U T J Y J U I N
T Q E S O N I M S A J S G F N
Q E M L J D O O R K I D É T K
K G U I S E G E U M L A V W Z
G O L L A L N A P I L U T C M
B L P J P X B U L H W K L R J
L B O E S Z G C P V V H R Z I
```

KRONBLAD
GARDENIA
TUSENFRYD
HIBISKUS
SJASMIN
KLØVER
LAVENDEL
LILLA
LILJE
LØVETANN

MAGNOLIA
VALMUE
ORKIDÉ
PASJONSBLOMST
PEON
PLUMERIA
ROSE
SOLSIKKE
BUKETT
TULIPAN

69 - Natur

```
C X O C N V P V O D U R K C H
R S N Q D G I T K I V O V O R
D Y N S L T P L L O R L Y X J
U K Q S E E K L L Z K I S L D
S R E I B H T E K Å T G D A M
K E Y A T N O J S O R E Y R N
Y V L H R N J F T U T N N O O
A V S V O Ø W I S B R E A K X
I Ø H U P J Ø R K E N S M W I
Y L S T I K S I T K R A I V Y
A C C D S S P C L M K A S R W
L I R Q K D Y R P E S K K A L
F R E D E L I G H B W K D S D
H E L L I G D O M A M S O C G
L M U Q T E G J Z O W X O G D
```

ARKTISK
FJELL
BIER
DYNAMISK
EROSJON
ELV
FREDELIG
ISBRE
HELLIGDOM
ROLIG

LØVVERK
VIKTIG
TÅKE
SKJØNNHET
LY
DYR
TROPISK
SKOG
VILL
ØRKEN

70 - Urlaub #2

```
M V E V H A C U O L R B C D B
D N Ø H R T N A R U A T S E R
A E Y K A R T Q M C W Y S M R
L S U U T R L Q U P D M A M R
H S B T R F E U S K I D P E U
Z A N L A H T M I Q T N S R S
Q L V E N Z O U V E I A G F L
E P C N S G U T B A R R A V Z
W Y F D P Y S H E O F T L U M
K L K I O O F H S L U S I E F
H F P N R G K K I C L T A X I
W D V G T R D U E L S S T J N
S U G Y X T B O R I Z F U L F
D E S T I N A S J O N H R D Q
F E R I E T O G S Z D S S Z S
```

UTLENDING
FREMMED
CAMPING
FLYPLASSEN
FRITID
HOTELL
ØY
KART
HAV
PASS

REISE
RESTAURANT
STRAND
TAXI
TRANSPORT
FERIE
VISUM
TELT
DESTINASJON
TOG

71 - Barbecues

```
M A T L A G I N G D L S S R A
S R E Y M T N O Y A Q P A D S
R W T U I S U A A S D I L M O
G R I L L E U P B B S L A A M
M E J J I V Z L B G M L T B M
U K E A Z F H Z T A A Z E A E
S A D O W A K F L D B F R R R
I S Y B V M I J A D F R L N R
K N A V Q I V F S I D P Z E A
K N X B S L J O Q M S A U S R
U Ø E F C I K Y L L I N G T E
T R K Y R E V I N K M C K W P
U G J S N U L N F B P F D E P
C K I J Q G K F F B K G K X E
T Y R Z D D N T M R A V G E P
```

MIDDAG
FAMILIE
FRUKT
GAFLER
GRØNNSAKER
GRILLE
VARMT
KYLLING
SULT
BARN

MATLAGING
KNIVER
LUNSJ
MUSIKK
PEPPER
SALATER
SALT
SOMMER
SAUS
SPILL

72 - Geographie

```
T E R R I T O R I U M K U P S
H D T E K V A T O R L B Y K N
Y Y E E S O V C D Q H M M D U
G Ø E B R E D D E G R A D R G
M H L Q N S N K R O M J S F X
I E V A H E A V R E G I O N Z
U H R U W B L E A L L C J B Y
N A O I B Y K R T U J H J Y T
L O C Y D R D D L K P N H Ø Z
U V R F P I G E A V K A R T Y
B D S D J J A N S L F J E L L
U U V V E S T N F A V S S P U
K O N T I N E N T H L H P U U
L E N G D E G R A D J H Z T M
Z R F I P A H E B M W D C B A
```

ATLAS
EKVATOR
FJELL
BREDDEGRAD
ELV
TERRITORIUM
HALVKULE
HØYDE
ØY
KART

KONTINENT
LAND
LENGDEGRAD
HAV
MERIDIAN
NORD
REGION
BY
VERDEN
VEST

73 - Zahlen

```
C P S J T G C S R O A B Z I X
K C E C Y I W E M A T S B C W
N I T T E N J K A O T U D W R
L A M I S E D S E D E R I F Y
B S O X A Y S T D P N T G A M
F G P F K T V E L J V L O T Z
E J U X L L U N T J U E I T D
T F O S E K S F E M T E N E U
Z V W R B O D R S B I C Z F O
H C C E T N O G O Å I B R E P
L C M K U E A F M T J Y S M V
R N S X Q T N E T T E R T K G
W G Q E O T H L P E R T G E D
F M O L A Y R E N J L D Z V X
Z T J Q I S D Y T M H X J A S
```

ÅTTE
ATTEN
DESIMAL
TRE
TRETTEN
FEM
FEMTEN
NI
NITTEN
NULL

SEKS
SEKSTEN
SYV
SYTTEN
FIRE
FJORTEN
TI
TJUE
TO
TOLV

74 - Kunst Liefert

```
I  B  Y  K  H  K  K  E  L  B  Z  V  U  K  F
D  O  K  U  D  I  U  T  G  T  D  U  D  O  A
E  R  Q  R  B  B  I  L  E  F  F  A  T  S  R
E  D  T  E  E  R  I  E  L  P  A  P  I  R  G
R  O  T  T  J  A  B  Ø  R  S  T  E  R  V  E
S  J  R  F  L  Z  T  D  H  W  L  X  Z  I  R
A  H  V  I  O  N  M  I  L  X  D  W  I  S  D
K  K  B  T  D  Z  V  W  V  U  N  T  T  K  F
R  Z  B  S  G  I  W  Z  V  I  U  J  D  E  C
Y  S  D  E  K  A  M  E  R  A  T  E  R  L  L
L  P  N  G  F  E  X  S  I  A  A  E  F  Æ  F
F  R  V  R  B  L  Y  A  N  T  E  R  T  R  V
G  Q  A  A  S  T  O  L  N  Z  M  K  K  G  W
N  E  P  F  A  J  I  W  A  O  O  N  G  W  H
X  O  G  D  N  T  N  P  V  S  M  F  P  Q  B
```

AKRYL
BLYANTER
FARGESTIFTER
BØRSTER
FARGER
KULL
IDEER
KAMERA
KREATIVITET
LIM

OLJE
PAPIR
VISKELÆR
STAFFELI
STOL
BORD
BLEKK
LEIRE
VANN

75 - Tage und Monate

```
Q F M N L O H A Y M Z G T Z T
S R K D K O S W T B K Y G A I
Y E T L J Å R E D N E L A K R
J D R M Z E E Z T E I M Q T S
J A J J C W B J V T N S D O D
F G O C S Z M M V E D Å E R A
R E B M E S E D O B X E M S G
H T B I Z Y V A N G M T G D A
X S R R E B O T K O A O E A D
J U N I U M N X Y Y N D L G S
Y G O D G A D R Ø L D T N T N
S U X N L A R A U N A J O Ø O
F A X S V Q J U L I G F M T S
S E P T E M B E R U K E K W V
U H I J J Y U W M G B F Q Z G
```

AUGUST   KALENDER
DESEMBER   ONSDAG
TIRSDAG   MÅNED
TORSDAG   MANDAG
FEBRUAR   NOVEMBER
FREDAG   OKTOBER
ÅR   LØRDAG
JANUAR   SEPTEMBER
JULI   SØNDAG
JUNI   UKE

76 - Emotionen

```
R O L I G K B U S P F F F S R
F Q L M G K J K H C R A L C A
I T A P M Y S E L N Y F B A K
G L E D E B U I D U K L S R U
K F S P O H O H E S T E H M Ø
J O L R P E N F R B O I A D X
Æ R E G L A Q N F M I M C P D
R N T R S K L K D L Q R H T B
L Ø T W M E F S X P F K K E L
I Y E L P D P E V K J L A H T
G D L Q U H H N P A I V K T V
H G N B R I N N H O L D O S U
E C R K O E B I Y U S J C I T
T O V E R R A S K E L S E R F
B V E N N L I G H E T V Z T E
```

FRYKT
FLAU
AVSLAPPET
GLEDE
VENNLIGHET
FRED
INNHOLD
KJEDSOMHET
KJÆRLIGHET

LETTELSE
RO
ROLIG
SYMPATI
TRISTHET
OVERRASKELSE
SINNE
ØMHET
FORNØYD

77 - Das Unternehmen

```
I  R  T  S  U  D  N  I  Q  M  K  O  T  J  Q
G  N  I  T  T  E  S  L  E  S  S  Y  S  A  J
J  Y  V  P  R  E  S  E  N  T  A  S  J  O  N
V  L  L  E  N  O  J  S  E  F  O  R  P  Y  H
K  V  E  G  S  L  Ø  N  N  Z  J  R  I  X  Y
K  R  O  S  T  T  E  H  M  O  S  K  R  I  V
V  J  E  L  H  H  E  R  J  M  S  P  M  I  R
A  G  N  A  G  M  A  R  F  E  G  R  U  N  Y
L  N  L  B  T  Z  C  R  I  H  E  O  L  N  K
I  Z  U  O  K  I  S  I  R  N  T  D  I  T  T
T  F  Q  L  G  U  V  F  R  H  G  U  E  E  E
E  C  O  G  D  Z  H  N  I  W  A  K  H  K  G
T  E  N  H  E  T  E  R  D  N  W  T  E  T  S
I  N  N  O  V  A  T  I  V  L  F  K  T  E  Y
S  H  B  N  Z  R  E  S  R  U  S  S  E  R  X
```

SYSSELSETTING
ENHETER
INNTEKTER
FRAMGANG
VIRKSOMHET
GLOBAL
INDUSTRI
INNOVATIV
INVESTERING
KREATIV

LØNN
MULIGHET
PRESENTASJON
PRODUKT
PROFESJONELL
KVALITET
RESSURSER
RISIKO
RYKTE

78 - Kräuterkunde

```
B  D  Z  G  M  A  R  O  J  R  A  M  T  K  K
A  O  U  B  N  R  L  A  V  E  N  D  E  L  U
S  K  K  D  N  O  A  Y  W  Y  U  O  T  X  L
I  E  Y  Z  Ø  M  G  S  V  A  A  P  I  A  I
L  W  F  R  R  A  P  A  Z  N  X  D  L  X  N
I  W  L  O  G  T  J  E  R  B  E  X  A  S  A
K  F  E  M  M  I  Q  F  R  T  D  F  V  A  R
U  P  K  U  U  S  A  N  M  S  S  W  K  F  I
M  J  I  Z  P  K  D  I  L  L  I  E  X  R  S
G  U  N  S  T  I  G  R  G  U  O  L  U  A  K
T  L  N  I  S  I  I  A  M  K  Y  A  L  N  Z
S  C  E  W  M  Z  P  M  M  X  I  R  Y  E  G
B  M  F  Y  O  B  X  S  H  V  I  T  L  Ø  K
K  X  A  U  L  W  L  O  T  I  M  I  A  N  Y
N  X  D  K  B  V  D  R  L  V  H  A  G  E  O
```

AROMATISK	KULINARISK
BASILIKUM	LAVENDEL
BLOMST	MARJORAM
DILL	PERSILLE
ESTRAGON	KVALITET
FENNIKEL	ROSMARIN
HAGE	SAFRAN
SMAK	TIMIAN
GRØNN	GUNSTIG
HVITLØK	

79 - Aktivitäten und Freizeit

```
K X L L A B Y E L L O V J B A
C E N R Q K A U D N Q W K A D
D W T S C F F S I N N E T S C
Y Y G J E B I V E S I E R K Q
K U N S T P S J B B Z F O E F
C Q I B F P K N R F A R R T O
A B P L I R E L A M O L R B T
M A P G O L F C E B C O L A T
P M O U Q R B W G E H W O L U
I C H A U Z R C A N C E Y L R
N Z S L O W J I H S I V T P E
G E R D G N I M M Ø V S L L R
D Y K K I N G D V U M E K O N
A V S L A P P E N D E Q G O Q
S U R F I N G F O T B A L L B
```

FISKE
BASEBALL
BASKETBALL
BOKSING
CAMPING
SHOPPING
AVSLAPPENDE
FOTBALL
HAGEARBEID
MALERI

GOLF
KUNST
REISE
SVØMMING
SURFING
DYKKING
TENNIS
VOLLEYBALL
FOTTURER

80 - Formen

```
P H J T N A K E R T R P O O D
R Y W G X C U R U D E U R M M
I P S I D E B L G B K O V A L
S E K T V V E I A U T A F O P
M R Q A O F P N J Z A F U S V
E B N V N R G J M L N L A Z Z
N O T G O T G E H E G L Y Z Q
X L H V G L E E V L E G Y H X
L A L Z Y L S R T B L Z S J F
K J E G L E P T R U N D I Ø T
Q I S S O A I J K C L X R R G
N O W A P U L Q K A O W K N J
X J O N P W L K U R V E E E O
G R X T D Z E R E D N I L Y S
P Y R A M I D E Y P N H G S Z
```

BUE
TREKANT
HJØRNE
ELLIPSE
HYPERBOLA
KANTER
KJEGLE
SIRKEL
KURVE
LINJE

OVAL
POLYGON
PRISME
PYRAMIDE
TORGET
REKTANGEL
RUND
SIDE
KUBE
SYLINDER

81 - Musik

```
E B K S I R Y L O M M H B S I
M U B L A M N N N U U A A G J
T A Q B A B H P O S S R L T T
Y N U E K S O N C I I M L E S
R O Q B L W S F I K K O A M P
E F O P E R A I A E A N D P S
G O E T D F Z P S R L I E O Y
N R Y T M I S K F K S H Z Y Q
A K S I T E O P J J K A E E U
S I W W Q T N E M U R T S N I
Z M N P S G B G O G O Y B B Y
I H H A R M O N I S K G Y T I
M E L O D I G Y N H C G G B T
Q L U G E R E S I V O R P M I
G N K B C U E A S L T V B M V
```

ALBUM
BALLADE
KOR
HARMONI
HARMONISK
IMPROVISERE
INSTRUMENT
KLASSISK
LYRISK
MELODI

MIKROFON
MUSIKALSK
MUSIKER
OPERA
POETISK
RYTMISK
RYTME
SANGER
SYNGE
TEMPO

82 - Antiquitäten

```
K G M C A E L F O K F T M E O
W D J A M J W F R Q N H Ø N M
R U T P L U K S I R P A B T N
R O V I T E T I L A V K L U A
K U N S T I R E L L A G E S V
K M Y N T E R I S T I L R I W
S M Y K K E R L E T V Y E A U
I T I L S T A N D R G T R S V
T N A G E L E O C J E P D T A
N N W I N V E S T E R I N G N
E O U D R P D M A N A I U B L
T X Z R W Q E Q M D Z F H Z I
U U N E G L R N X A Q V R K G
A V V V Z A L O M Q G F Å W J
Z D R D E K O R A T I V C X G
```

GAMMEL
AUTENTISK
DEKORATIV
ELEGANT
ENTUSIAST
GALLERI
MALERIER
INVESTERING
ÅRHUNDRE
KUNST

MØBLER
MYNTER
PRIS
KVALITET
SMYKKER
SKULPTUR
STIL
UVANLIG
VERDI
TILSTAND

83 - Adjektive #2

```
D  B  V  U  K  G  C  Y  A  S  S  L  V  N  F
N  W  I  P  R  U  R  L  H  P  Z  T  T  G  T
M  Y  L  Z  E  N  Y  P  G  I  S  L  O  I  R
Z  Z  L  H  A  P  X  K  X  S  D  A  A  L  F
G  N  I  B  T  A  I  V  G  E  P  S  I  R  T
C  A  G  Z  I  Z  U  G  I  L  R  U  T  A  N
X  F  M  Z  V  K  Y  M  F  I  B  E  E  V  B
P  R  O  D  U  K  T  I  V  G  Q  L  C  S  E
F  E  R  S  K  N  O  R  M  A  L  E  K  N  R
I  N  T  E  R  E  S  S  A  N  T  G  C  A  Ø
S  Q  X  F  X  S  U  Z  L  X  C  A  L  X  M
T  T  D  R  A  M  A  T  I  S  K  N  G  V  T
Z  N  E  T  L  U  S  S  U  N  N  T  D  D  N
V  I  P  R  B  E  S  K  R  I  V  E  N  D  E
C  T  D  S  K  S  I  T  N  E  T  U  A  K  D
```

AUTENTISK	KREATIV
BERØMT	NATURLIG
BESKRIVENDE	NY
DRAMATISK	NORMAL
ELEGANT	PRODUKTIV
SPISELIG	SALT
FERSK	STERK
SUNN	STOLT
SULTEN	ANSVARLIG
INTERESSANT	VILL

84 - Kleidung

```
S P P J I X H X D R N A B P U
K Y T C D L J B R I E R L L P
J V Y T U S A Y O N Z M U C H
E X J A K K E T L E B B S B O
R N M V B D H T I T S Å E O Q
F J V Q F R K A G O I N B R W
K S N A E J N H L M V D Z R D
F M S K J O R T E S N X Q J F
Z Y T K M I E R P Z K S K O R
D K T A E L K Ø T Y C J Z N E
K K I R C M S J B M J S E T S
J E J F R O N K B U A A I D N
O R E C A D A S E Y K A M A E
L S Z D I X H R L F C S N A G
E L K R O F W I E S P C E P S
```

ARMBÅND	KJOLE
BLUSE	FRAKK
BELTE	MOTE
HALSKJEDE	GENSER
HANSKER	SKJØRT
SKJORTE	SKJERF
BUKSE	PYJAMAS
HATT	SMYKKER
JAKKE	SKO
JEANS	FORKLE

85 - Haus

```
A B V E S Y Y U D C X M I C L
T K N V B O Q N H P O I E O R
P E I S M N V S P E I L D K C
R Q W N L E J E A B F S X B I
V B K I L A U S R E L K Ø N K
P Q O D N H M K N O F I M E Q
N E S Q J J O P I I M B I G B
V J T Z R A R G E G A H A A A
P B F L W A Z A T D V I N D U
F N O F X I V R S X R Ø D N N
O D L H M G Q A R W Z E F V G
I K S X R A F S O T A K J T W
K J Ø K K E N J K S C G V G X
M Ø B L E R E E S V E G G R D
B I B L I O T E K D U S J J W
```

KOST
BIBLIOTEK
TAK
LOFT
DUSJ
VINDU
GARASJE
HAGE
PEIS
KJØKKEN

LAMPE
MØBLER
SOVEROM
NØKLER
SKORSTEIN
SPEIL
DØR
VEGG
GJERDE
ROM

86 - Bauernhof #1

```
Y  I  G  G  J  Ø  D  S  E  L  H  P  I  B  H
Q  S  D  X  C  K  N  I  Z  D  H  Ø  Y  I  O
C  H  S  C  A  G  A  R  F  K  T  Y  Y  E  N
U  Z  G  E  I  T  L  G  V  F  A  M  E  H  N
L  A  N  D  B  R  U  K  R  T  J  L  B  X  I
G  U  N  K  Y  L  L  I  N  G  S  B  V  N  N
X  M  A  T  Y  A  U  W  G  E  T  I  X  E  G
E  E  V  K  F  F  K  H  U  N  D  V  O  Z  C
O  J  L  Y  U  J  A  X  K  Q  G  K  U  A  F
B  D  P  E  A  W  T  S  E  H  J  R  O  V  E
E  T  T  N  S  D  T  L  E  F  E  Å  Q  S  R
Y  J  V  N  I  E  W  R  L  S  R  K  P  E  V
W  V  H  P  R  N  L  T  P  S  D  E  O  X  K
L  Q  W  H  U  V  L  G  T  W  E  E  P  T  T
F  L  F  C  Q  J  O  J  D  E  A  O  U  O  C
```

BIE	KRÅKE
GJØDSEL	KU
ESEL	LAND
FELT	LANDBRUK
HØY	HEST
HONNING	RIS
KYLLING	GRIS
HUND	VANN
KALV	GJERDE
KATT	GEIT

87 - Regierung

```
E Q T E H G I D R E F T T E R
L D E M O K R A T I C E K L E
U L E V O W F Z X N I H I A D
L I K E S T I L L I N G R T E
P S T A T L O V S N O I T R L
F O D P T M A J Y A J G S E Q
X R L I V I S K M S S N I T G
C C E I S W I B B J A E D T R
D D I D T K H C O O N H Y I U
Q Z L W E I U G L N I V Q G N
Y T E Z W L K S W A A A I H N
S Y Z K Y E I K J L P U Y E L
G W U H S L V G Q O I O K T O
H V O T F R I H E T N X Q E V
M O N U M E N T X A J Y M R C
```

DISTRIKT
DEMOKRATI
MONUMENT
DISKUSJON
FRIHET
FREDELIG
LEDER
RETTFERDIGHET
LOV
LIKESTILLING

NASJON
NASJONAL
POLITIKK
RETTIGHETER
TALE
STAT
SYMBOL
UAVHENGIGHET
GRUNNLOV
SIVIL

88 - Berufe #1

```
K U N S T N E R M E Y E I A A
L S C H V E T E R I N Æ R M S
N B R E I E L P E K Y S T B T
C A O E K A R T O G R A F A R
A W M O G A D V O K A T R S O
T S Z X N G D F H U T K R S N
S K R E D D E R J E G E R A O
I G E A Y F M L B P U G I D M
N E K D A N S E R A D E V Ø M
A O I Y W L L K T Ø N L O R A
I L S Y A A L H Z R R K D V V
P O U P V N U P R F E L I X H
V G M K N Q G D Z C S N H E J
P S Y K O L O G W X H Z E Q R
E P U H M E K A N I K E R R O
```

LEGE
ASTRONOM
BANKIER
AMBASSADØR
GEOLOG
JEGER
GULLSMED
KARTOGRAF
RØRLEGGER
SYKEPLEIER

KUNSTNER
MEKANIKER
MUSIKER
PIANIST
PSYKOLOG
ADVOKAT
SKREDDER
DANSER
VETERINÆR
TRENER

89 - Adjektive #1

```
Q Y K U N S T N E R I S K V K
N S U D V H X V B E V X B I J
Y C V U A B S O L U T T D K W
Z K N N V K I F G D O U A T C
U S K Y L D I G N P C X H I B
M I S L O E T N U N J R A G G
H T I A F N N Y T K E F R E P
V A T N D R G O Q R E K K A V
C M N G N E I L R Ø Q T A E F
H O E S K D L Q A M N R X V X
S R D O G O R X N D S Q A R L
F A I M F M Æ Z I B L W N E Q
J Q H V X M T Y B E W X Q C I
Y A K T I V I T K A R T T A K
V E R D I F U L L O Y Z D Y P
```

ABSOLUTT
AKTIV
AROMATISK
ATTRAKTIV
MØRK
TYNN
ÆRLIG
GLAD
IDENTISK
KUNSTNERISK

LANGSOM
MODERNE
PERFEKT
ENORM
VAKKER
TUNG
DYP
USKYLDIG
VERDIFULL
VIKTIG

90 - Geometrie

```
T K U R V E E A G I V A I I O
W R Y L I L S R N L O G I K K
Q Y E E D Y Ø H I D G G B T H
M C J K C G N I N G E R E B O
Z A G R A Y I I G W N L K L R
D K S I A N R C I R O E T N I
I X J S T E T A L F J K E U S
A L M T E P E Q L Y S N T M O
M N N M G M M C E K N I N M N
E Q S B R Z M J L X E V E E T
T R C I O W Y V L J M V M R A
E A I B T N S U A T I G G L L
R B E D M T J C R Q D G E W B
V U C R G B M I A J B B S B I
P I Q B O A D V P Y R E N I L
```

ANDEL
BEREGNING
DIMENSJON
TREKANT
DIAMETER
LIGNING
HORISONTAL
HØYDE
SIRKEL
KURVE

LOGIKK
MASSE
NUMMER
FLATE
PARALLELL
TORGET
SEGMENTET
SYMMETRI
TEORI
VINKEL

91 - Jazz

```
B W X Y U K T M S T I L H K O
Z H C D U O M A W Y X J N M R
G N F P Q M E U L R K A Z I K
Z O L O S P E Y S E M T Y R E
R J Z K O O P B A I N H C L S
E S R E G N A J S L K T F M T
T A T R N I N J Q B B E B B E
T S L H A S Y W G M C U R P R
I I T O S T M Ø R E B N M E O
R V C D X A M R K O N S E R T
O O T E K N I K K S O C D E M
V R E N T S N U K K I S U M I
A P P L A U S L Y M C R G F G
F M P C H R E G B Y N E Z I D
N I K N T V N M Z G A M M E L
```

ALBUM
GAMMEL
APPLAUS
BERØMT
FAVORITTER
SJANGER
IMPROVISASJON
KOMPONIST
KONSERT
KUNSTNER

SANG
MUSIKK
MUSIKERE
NY
ORKESTER
RYTME
SOLO
STIL
TALENT
TEKNIKK

92 - Mathematik

```
X E S I R T E M O E G H L X D
M M F L L E L L A R A P I U I
S A Æ V Q G K V O L U M G F A
R H R U I R A T L V L V N B M
M A E X C O R N A Z L I I R E
Q T D S Z T I A M N G R N Ø T
G A U I A E T K I O G T G K E
X D X A U T M E S J V E L D R
O X B H N S E R E S W M L E P
G M U S A U T T D I Q M D L O
Y T K X U S I W F V L Y Y U L
N P V R A G K Y G I S S C C Y
V S A L E A K F R D C Q B D G
V S Q V B T N E N O P S K E O
I H P S P G S V I N K L E R N
```

ARITMETIKK
BRØKDEL
DESIMAL
DIVISJON
TREKANT
DIAMETER
EKSPONENT
GEOMETRI
LIGNING
SFÆRE

PARALLELL
POLYGON
TORGET
RADIUS
REKTANGEL
SUM
SYMMETRI
OMKRETS
VOLUM
VINKLER

93 - Messungen

```
C E N T I M E T E R P K V B Z
S C Q L R V J V I G E I V C N
Z D E J Z E S N U Q W L J R H
S T B V Y K U A K G H O T N S
Q K E N O T J D I I R M A R G
H Ø Y D E L D E L P S E T Y B
T Y S B S B U E O H U T G M B
O I T U S P S M S U Z E G I A
N U K X A Y K G R I A R G V N
N Y N E M V W R C I M V T D L
D Y B D E M K A Y B R A U P X
M I N U T T E D G N E L L Y A
B R E D D E F T L I T E R U P
E F T O M M E H E Z U F E H N
C Z Q J Q S P M L R J M F G B
```

BREDDE
BYTE
DESIMAL
VEKT
GRAD
GRAM
HØYDE
KILO
KILOMETER
LENGDE

LITER
MASSE
METER
MINUTT
DYBDE
TONN
UNSE
VOLUM
CENTIMETER
TOMME

94 - Boxen

```
J Q U L E K X F G A W A U O P
U A T V P I G I F S T Y R K E
T H G R P W I L O O G Z L E W
S A N E O J C O G E K R A P S
L K E D R E K S N A H U W L D
I E O N K F H D X Y O H S C F
T K P A S H L J D D K S O A H
T K U T A J U Y Ø F X I V N O
S O Q S R Z Y V P R E M M O D
S L K T I E J M P E N B L O D
V K E O T E H G I D R E F Q Q
T H W M M H X B N A U V G N D
I V L P J M V Z A K R E D E V
R T A L B U E T Q S N N Z Z D
Y H N W D B G X B G Y G J E D
```

HJØRNE
ALBUE
UTSLITT
NEVE
FERDIGHET
FOKUS
MOTSTANDER
KLOKKE
HANSKER
JAGERFLY

SPARKE
HAKE
KROPP
POENG
DOMMER
RASK
TAU
STYRKE
SKADER

95 - Psychologie

```
O O M R E G N I N K R I V Å P
O P P F Ø R S E L P L P C S E
G S E V K Z L Z T E R A P I R
J G N I N T A F P P O Y U C S
L H D D B E V I S S T L Ø S O
K V K E S L E L Ø F L B K N N
P O G E U X B T S S O I K I L
B R G R I D N K K T M F X X I
A E O N R K L I N I S K N H G
R N L B I P X L A V T A L E H
N N E M L S C F V T M W B V E
D I G E W E J N Y M D H G X T
O M O J O B M O D R Ø M M E R
M F O M G R E K N A T G X R U
V U R D E R I N G J L W X I F
```

VURDERING
BEVISSTLØS
EGO
PÅVIRKNINGER
MINNER
TANKER
IDEER
BARNDOM
KLINISK
KOGNISJON

KONFLIKT
PERSONLIGHET
PROBLEM
FØLELSE
AVTALE
TERAPI
DRØMMER
OPPFØRSEL
OPPFATNING

96 - Bauernhof #2

```
V Z A M A L Q L B U E I H S F
R X R A O F S P I M H V V G F
G X E L S D N A K H Y O E E O
Q R L Å V E E M U Y E M T D V
B O N D E V G N B R K S E B U
M T R H C S A T E D W A J T D
G K O X E A H N S E K U D S M
A A K M U M T J N A A W G O P
E R L Z G D K L S I S E O I A
P T Z G H F U P M M N D Q O O
O E V U Z H R H R M N G G Y B
I N L S H F F U A G Ø N S H N
Y G C B N P J H K U R E B X Q
M E L K F D X O C T G U B K O
V I N D M Ø L L E C Q Q Z M Y
```

BONDE	MELK
VANNING	FRUKTHAGE
BIKUBE	MODEN
AND	SAU
FRUKT	HYRDE
GRØNNSAK	LÅVE
BYGG	TRAKTOR
LAMA	HVETE
LAM	ENG
KORN	VINDMØLLE

97 - Gartenarbeit

```
B O T A N I S K E J H Y B K E
B M Q E N L K S O B J Z C N K
V L X P A M L L T V S N Y S
L B A Z V X E A H E X X J H O
N M W D T T F N N K C Y F P T
Q T Z U F I G G L I O H E D I
B E V G I S S E M G N O S E S
Ø R F D V S A N S B S B K D K
A T E H G I T K U F P U O M R
D S T J O R D R S D I K M Y E
D M T I W K N A J S E P C V
O O L U K D I N L Y E T O U V
K L I M A S F R R Q L T S Q Ø
B B B E H O L D E R I J T C L
F R U K T H A G E U G E F Z R
```

ART
BLAD
BLOMSTRE
JORD
BOTANISK
BEHOLDER
SPISELIG
EKSOTISK
FUKTIGHET
KLIMA

KOMPOST
LØVVERK
FRUKTHAGE
FRØ
SESONGMESSIG
SLANGE
SKITT
BUKETT
VANN

98 - Berufe #2

```
Z  D  K  F  E  P  R  G  T  B  Y  O  I  G  B
O  E  I  O  D  F  Q  K  J  F  T  P  N  A  I
O  T  R  R  C  A  J  X  B  L  B  P  G  R  B
L  E  U  S  T  Z  P  X  J  J  U  F  E  T  L
O  K  R  K  W  A  R  E  R  Æ  L  I  N  N  I
G  T  G  E  R  X  F  E  G  E  L  N  I  E  O
D  I  I  R  A  B  I  O  L  O  G  N  Ø  R  T
S  V  Z  W  T  F  B  S  B  A  W  E  R  I  E
J  O  U  R  N  A  L  I  S  T  M  R  X  T  K
X  B  K  D  O  R  L  I  N  G  V  I  S  T  A
B  E  L  I  E  G  E  L  N  N  A  T  N  I  R
H  M  X  K  D  O  F  G  V  V  K  W  C  H  Y
P  I  L  O  T  T  U  A  N  O  R  T  S  A  X
F  Z  I  G  Z  O  E  W  O  X  K  X  H  O  E
G  X  W  L  G  F  O  S  O  L  I  F  R  B  E
```

LEGE   INGENIØR
ASTRONAUT   JOURNALIST
BIBLIOTEKAR   LÆRER
BIOLOG   LINGVIST
KIRURG   MALER
DETEKTIV   FILOSOF
OPPFINNER   PILOT
FORSKER   TANNLEGE
FOTOGRAF   ZOOLOG
GARTNER

99 - Wetter

```
N G H H S M Y Z J T G S P P T
U W O Y O Q K D D C T A O V E
Q E U B N G E R V Z T W L Z M
H M H Q U K H I M M E L A I P
A T M O S F Æ R E Y K S R K E
V A H C N B T R L N Å Q C S R
Q I M V O A T R Q Y T Y I N A
R N N R M L Ø W O D A N R O T
T B A D I R R T A P M L Y N U
C Ø K I L O K L Y S I C Y Y R
H B R P F L E T Y J L S I R B
X F O R T O R D E N K I K R L
O B O B S Y M W M V S T O R M
M Y W G E S D V P F W P X U A
Q A X Q P S H S F R W A W C O
```

ATMOSFÆRE
LYN
BRIS
TORDEN
TØRKE
IS
HIMMEL
ORKAN
KLIMA
MONSUN

TÅKE
POLAR
REGNBUE
STORM
TEMPERATUR
TORNADO
TØRR
TROPISK
VIND
SKY

100 - Chemie

```
N R O L K O Y V P M N R I V M
U U E I G F L P E M R A V O O
K T K A E B J F S K O B T P L
L A S I K N I U N S T W P S E
E R Æ A H S I B I I A R K Y K
Æ E V O H Y J X D L S U A R Y
R P E N Z Y M O N A Y S R E L
O M S O V L Y R N K L A B M G
R E V I R T N S Q L A L O N O
G T Z I L K V Y I A T T N X R
A Z O K S Y G E N E A M H E W
N O A X O S J E L E K T R O N
I Z O P M T A S V S G J I C K
S A D B C N E G O R D Y H H F
K S R M V X E W X Z H G P L V
```

ALKALISK

KLOR

ELEKTRON

ENZYM

VÆSKE

GASS

VEKT

VARME

ION

KATALYSATOR

KARBON

MOLEKYL

NUKLEÆR

ORGANISK

REAKSJON

SALT

OKSYGEN

SYRE

TEMPERATUR

HYDROGEN

1 - Gesundheit und Wellness #2

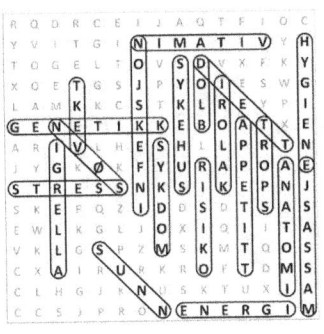

2 - Ozean

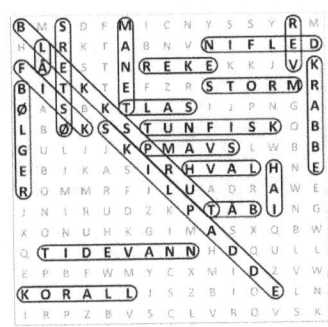

3 - Krankheit

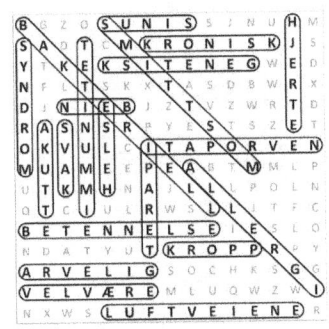

4 - Meditation

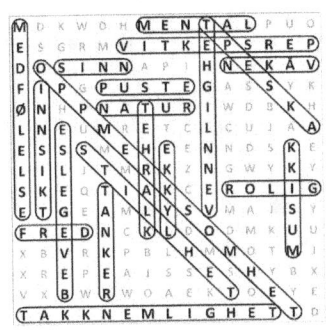

5 - Archäologie

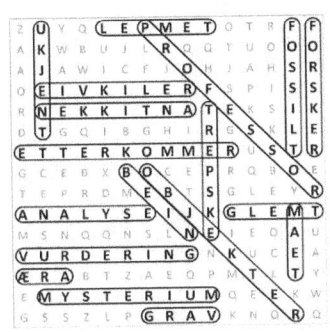

6 - Gesundheit und Wellness #1

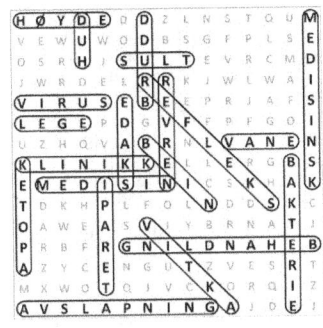

7 - Obst

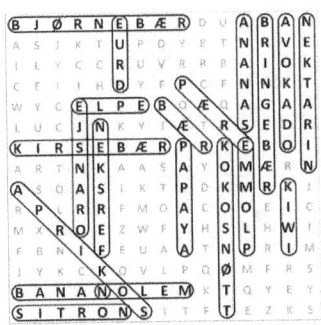

8 - Universum

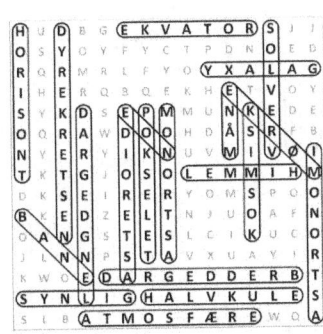

9 - Camping

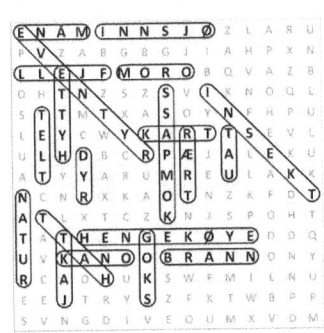

10 - Zeit

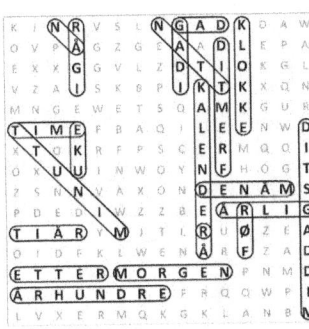

11 - Säugetiere

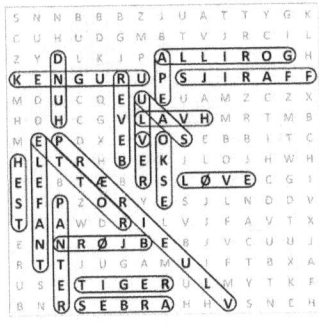

12 - Algebra

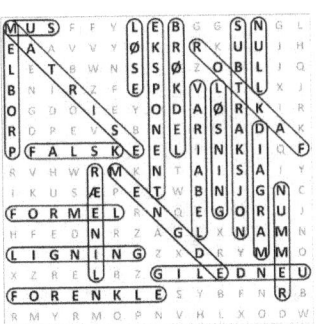

13 - Philanthropie

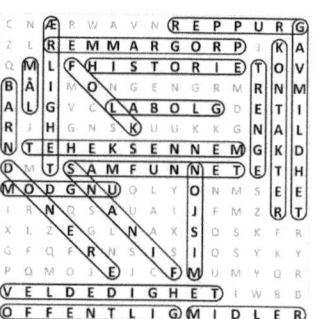

14 - Diplomatie

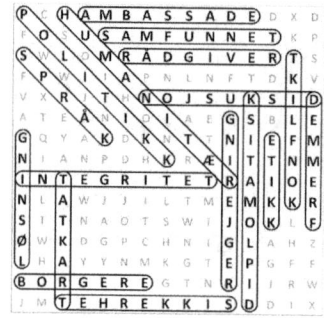

15 - Astronomie

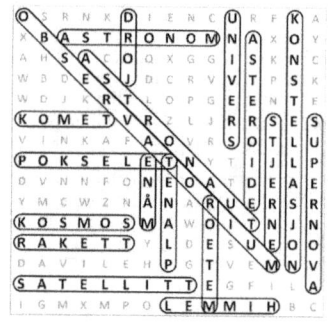

16 - Ballett

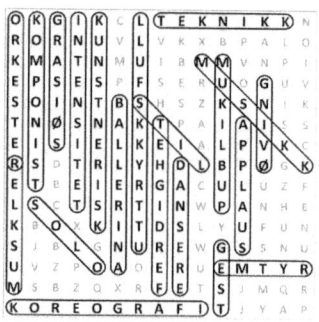

17 - Geologie

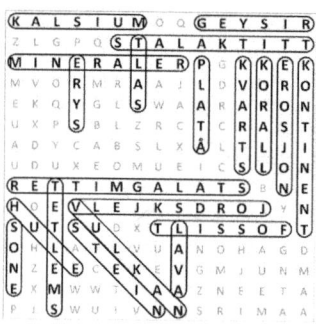

18 - Wissenschaft

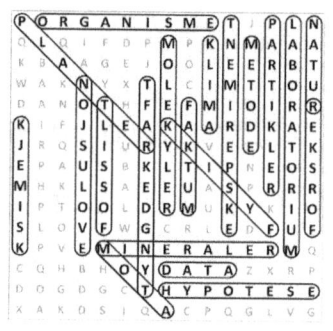

19 - Bildende Kunst

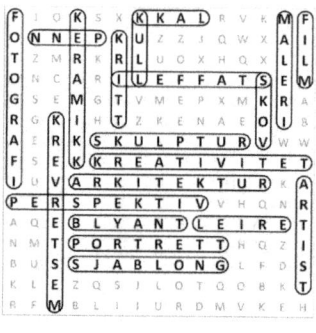

20 - Mythologie

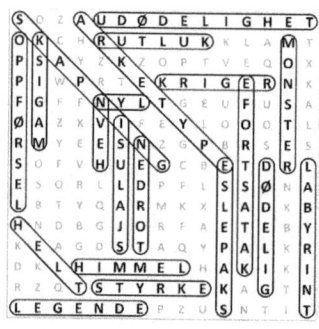

21 - Restaurant #2

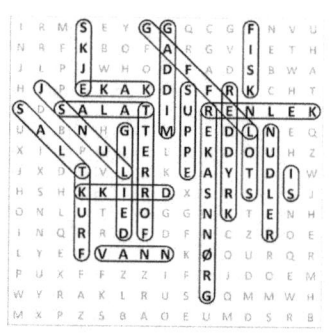

22 - Ökologie

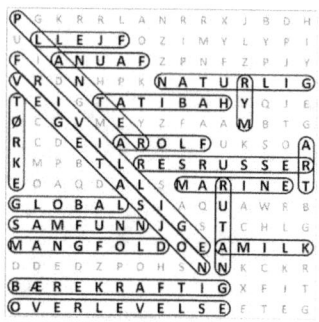

23 - Boote

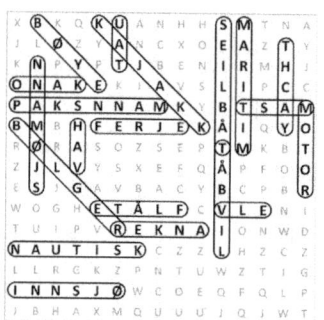

24 - Stadt

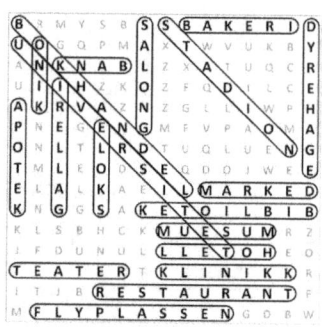

25 - Aktivitäten

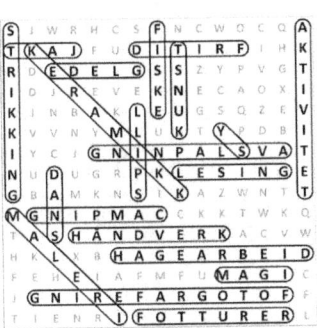

26 - Bienen

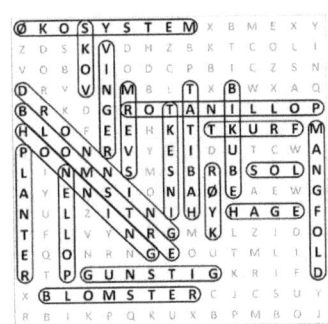

27 - Wissenschaftliche

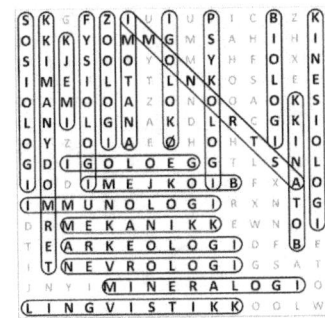

28 - Vögel

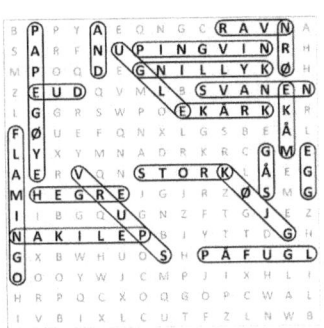

29 - Biologie

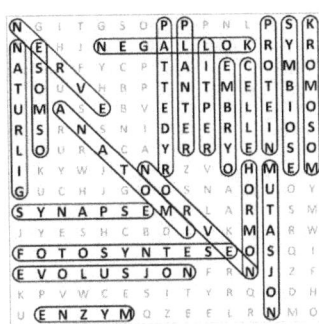

30 - Elektrizität

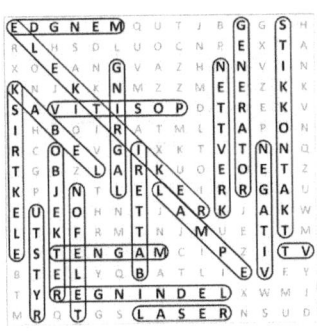

31 - Garten

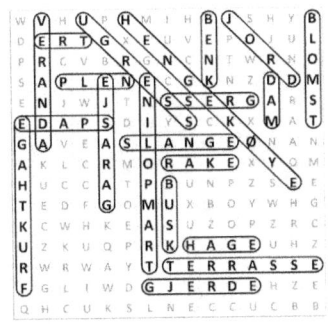

32 - Antarktis

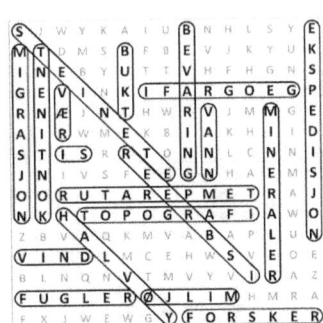

33 - Fahren

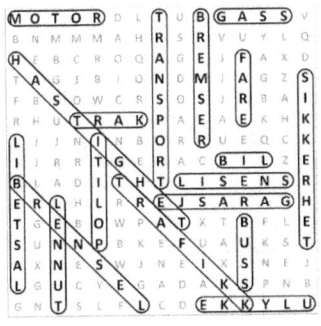

34 - Physik

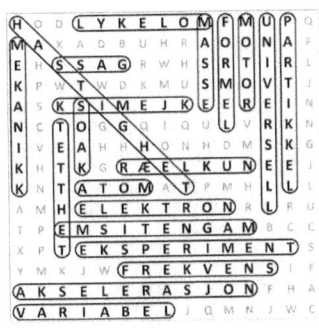

35 - Bücher

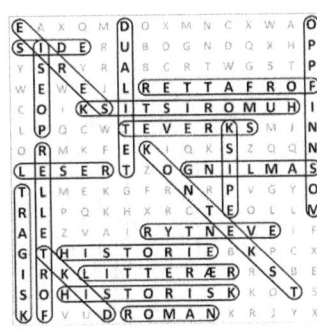

36 - Menschlicher Körper

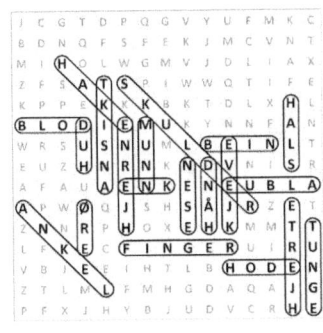

37 - Agronomie

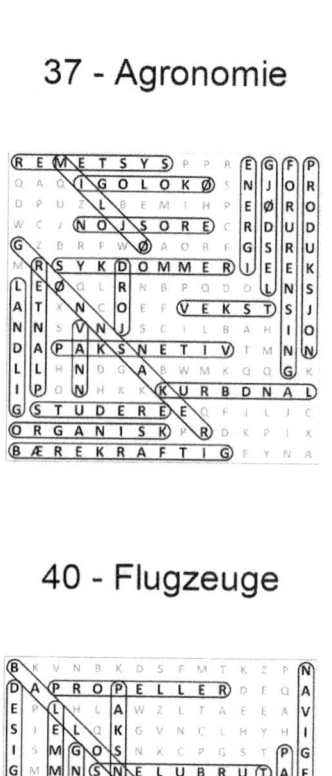

38 - Landschaften

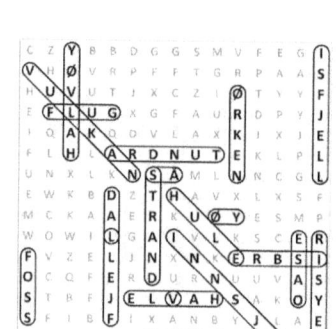

39 - Abenteuer

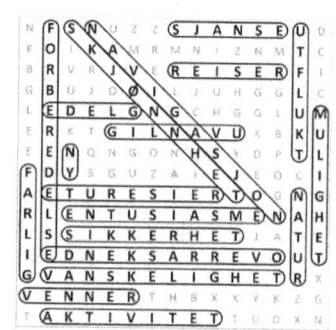

40 - Flugzeuge

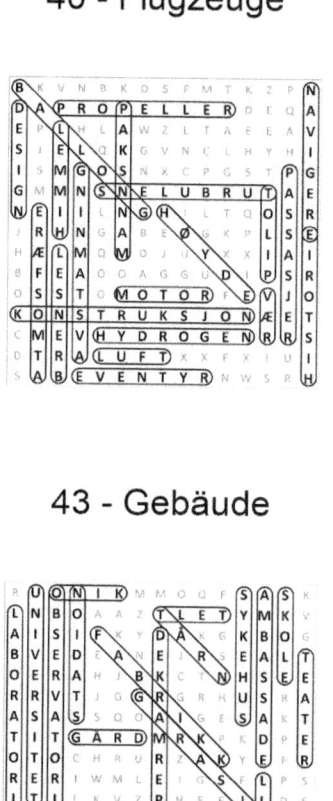

41 - Haartypen

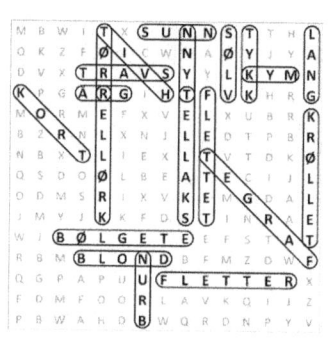

42 - Essen #1

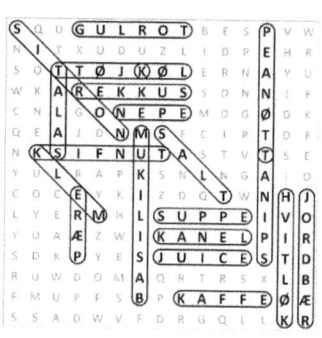

43 - Gebäude

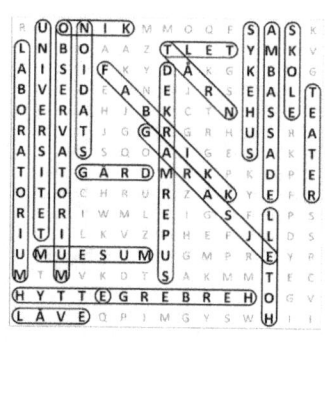

44 - Mode

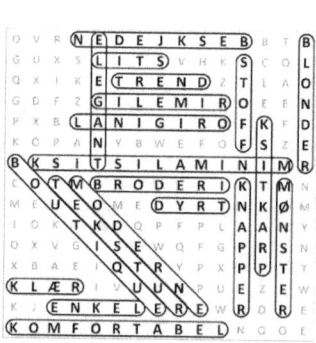

45 - Angeln

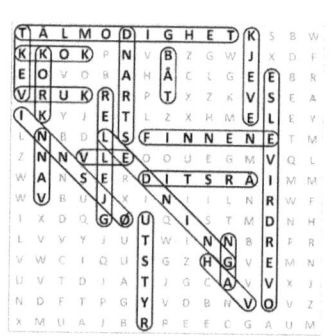

46 - Essen #2

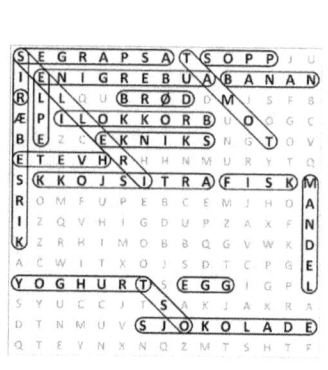

47 - Energie

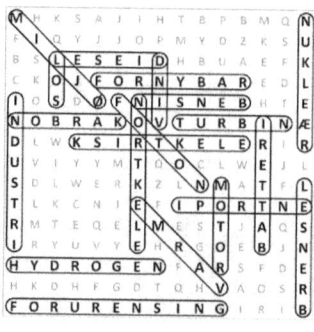

48 - Familie

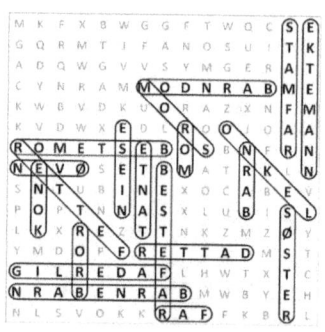

49 - Pflanzen

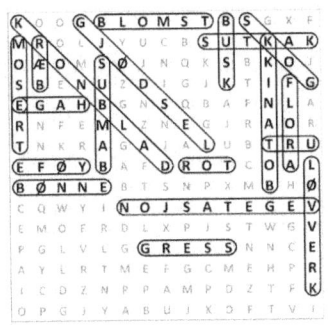

50 - Kunst

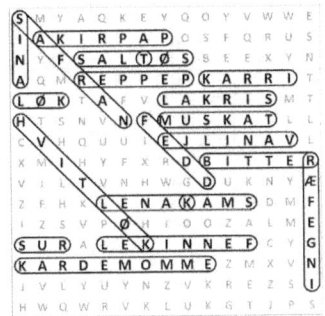

51 - Gewürze

52 - Kreativität

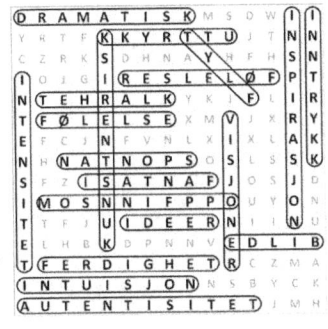

53 - Geschäft

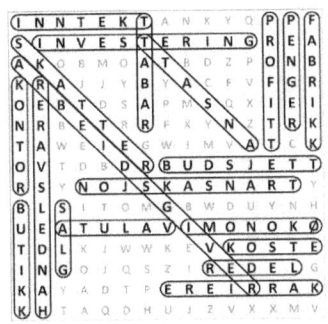

54 - Ingenieurwesen

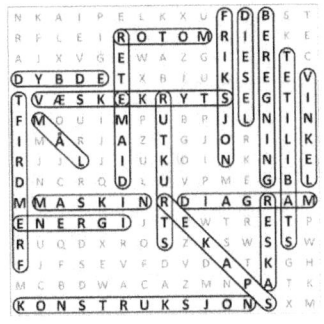

55 - Gemüse

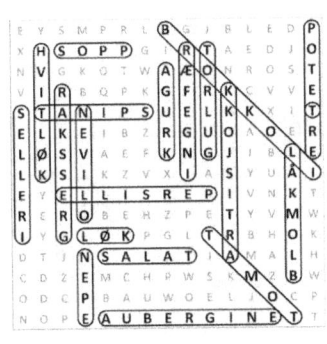

56 - Schönheit

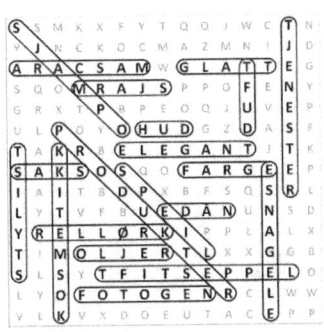

57 - Tanzen

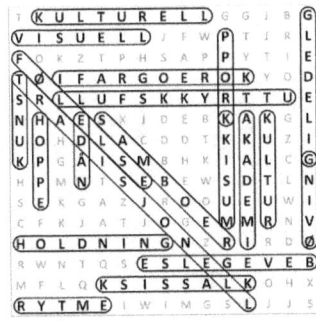

58 - Ernährung

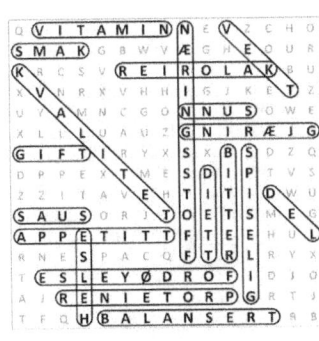

59 - Länder #1

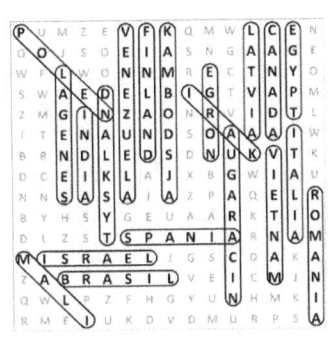

60 - Technologie

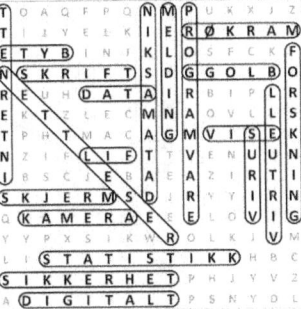

61 - Science Fiction

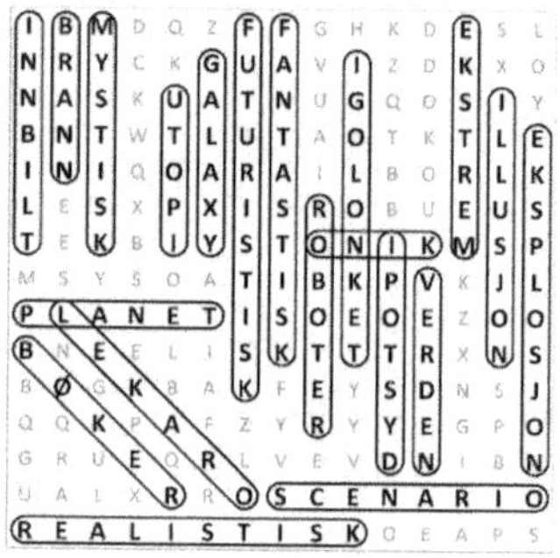

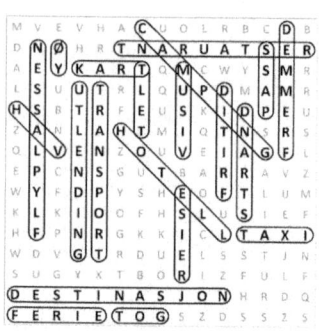

62 - Literatur

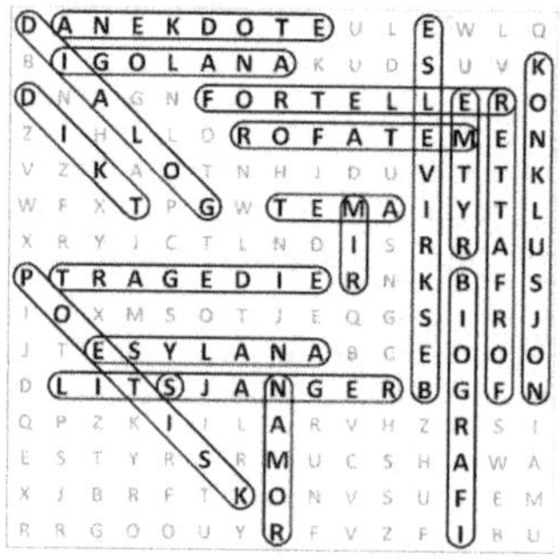

63 - Wandern

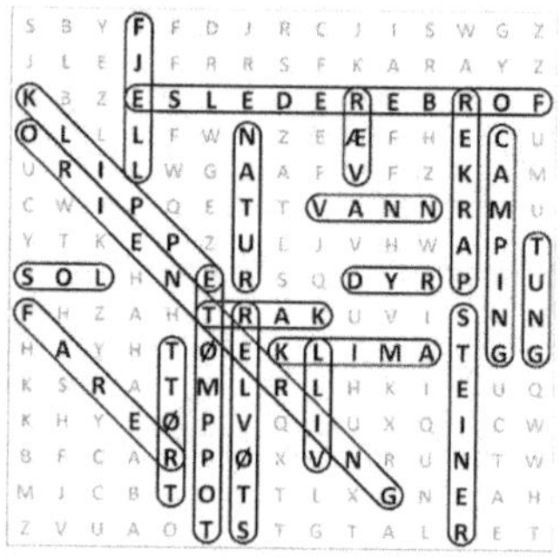

64 - Globale Erwärmung

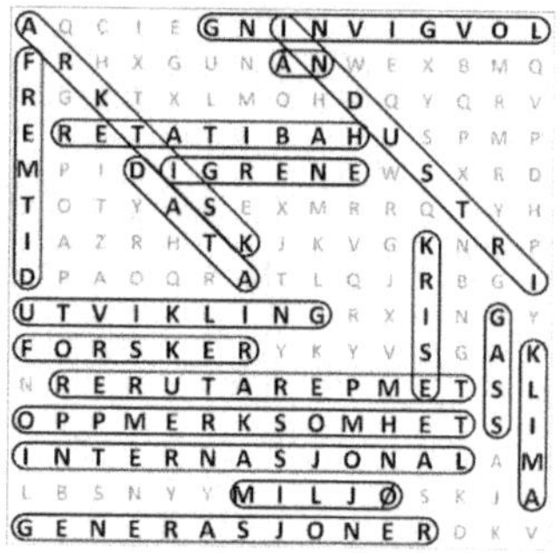

65 - Länder #2

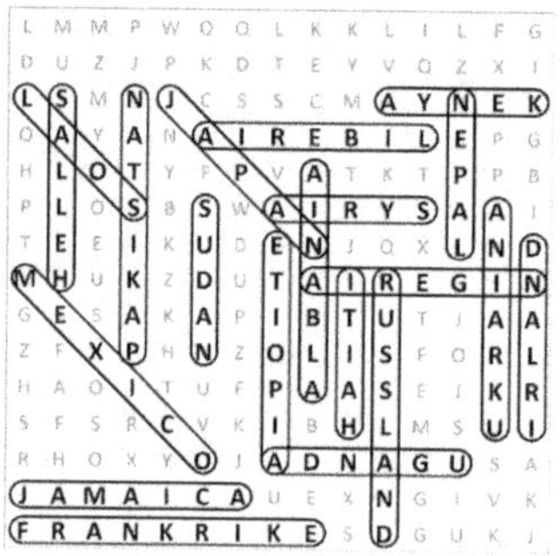

66 - Fahrzeuge

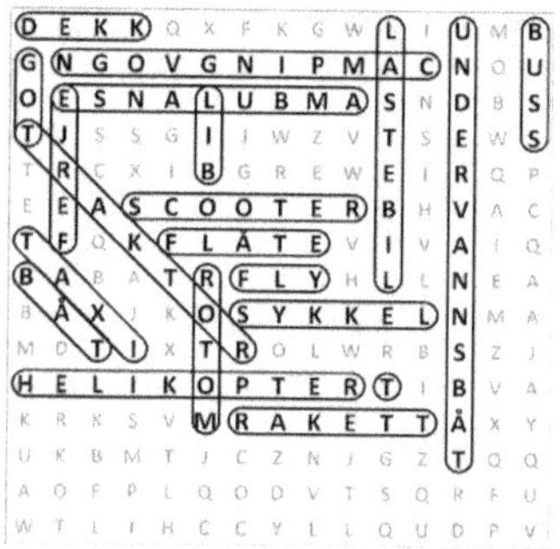

67 - Musikinstrumente

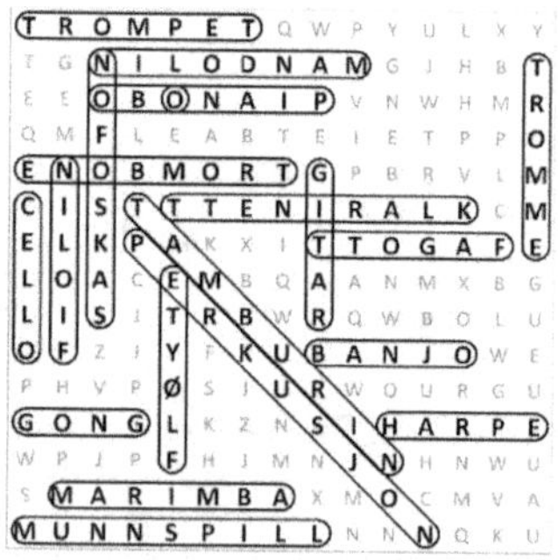

68 - Blumen

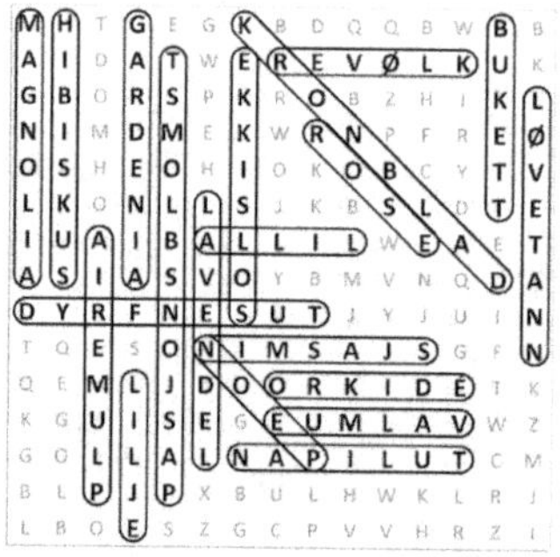

69 - Natur

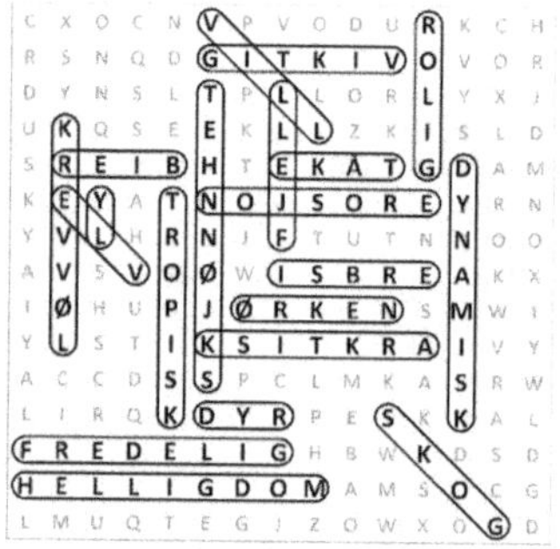

70 - Urlaub #2

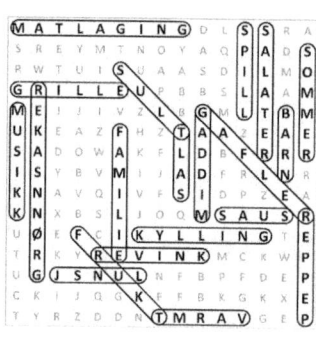

71 - Barbecues

72 - Geographie

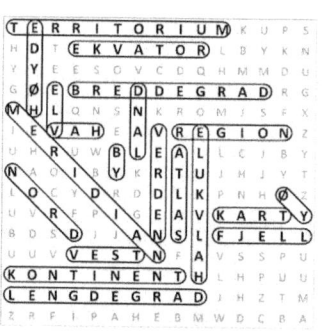

73 - Zahlen

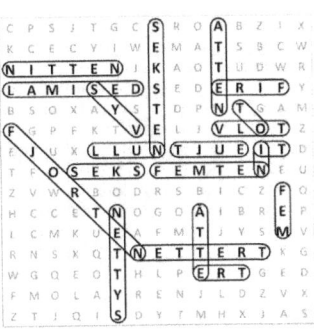

74 - Kunst Liefert

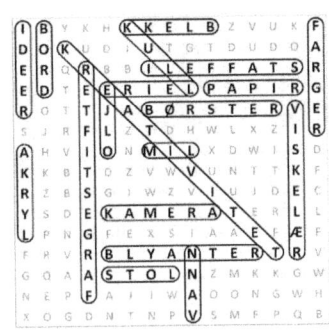

75 - Tage und Monate

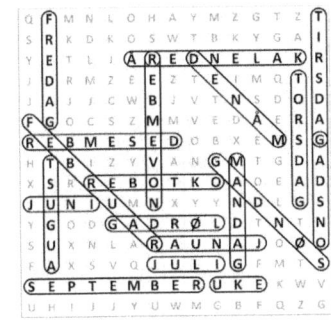

76 - Emotionen

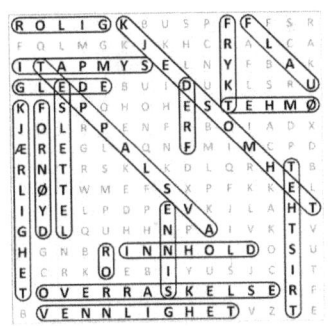

77 - Das Unternehmen

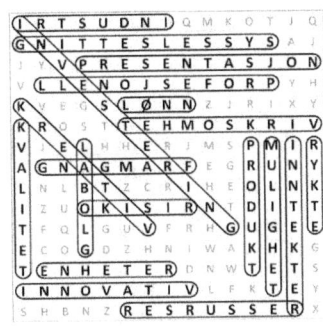

78 - Kräuterkunde

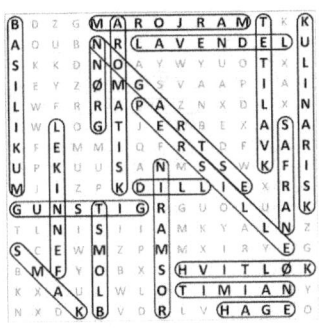

79 - Aktivitäten und Freizeit

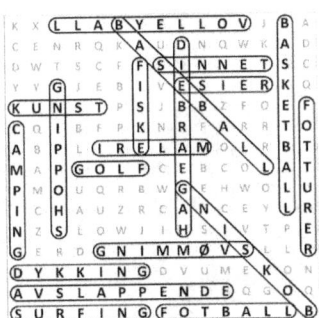

80 - Formen

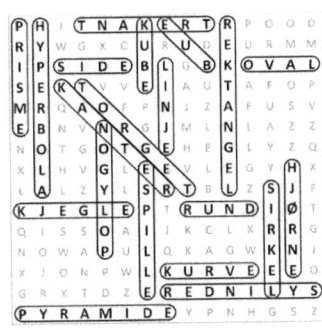

81 - Musik

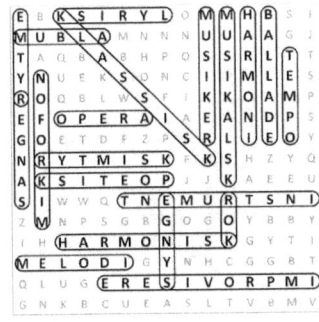

82 - Antiquitäten

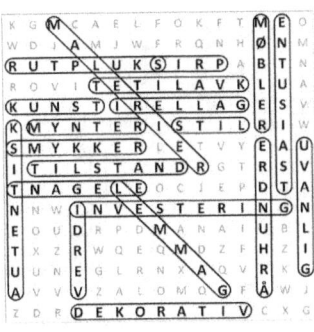

83 - Adjektive #2

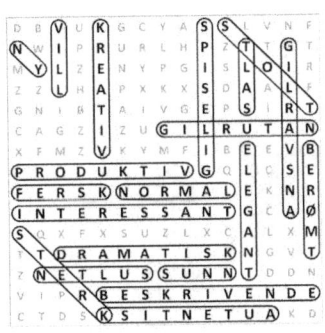

84 - Kleidung

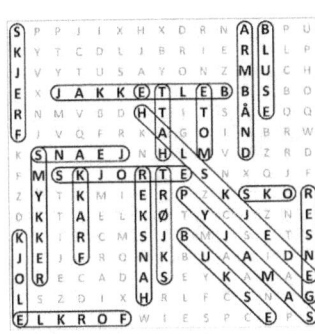

85 - Haus

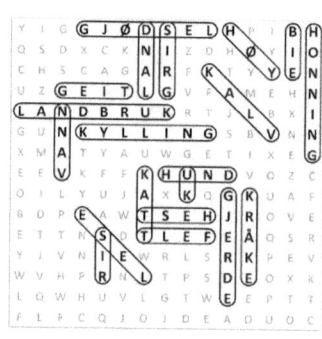

86 - Bauernhof #1

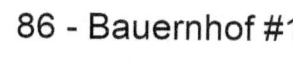

87 - Regierung

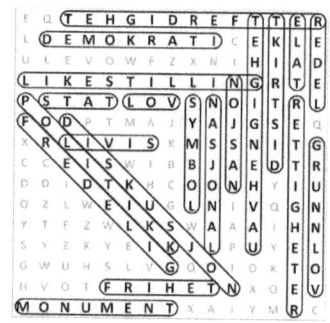

88 - Berufe #1

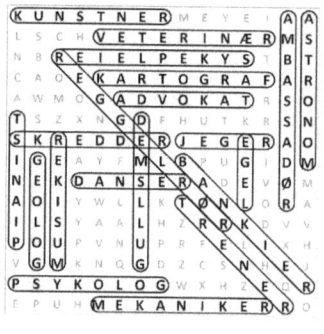

89 - Adjektive #1

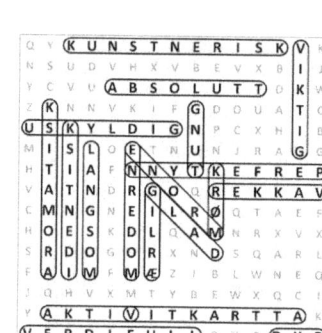

90 - Geometrie

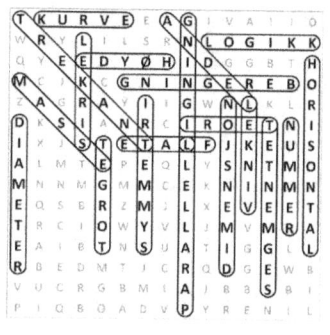

91 - Jazz

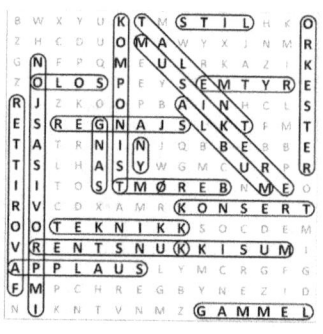

92 - Mathematik

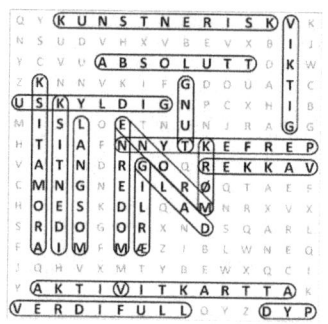

93 - Messungen

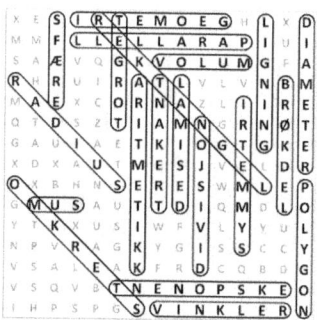

94 - Boxen

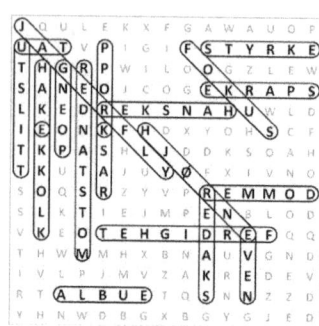

95 - Psychologie

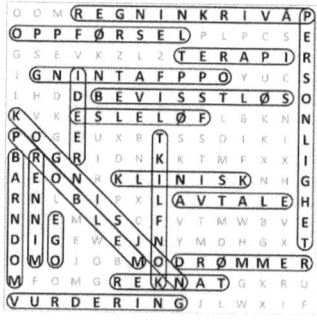

96 - Bauernhof #2

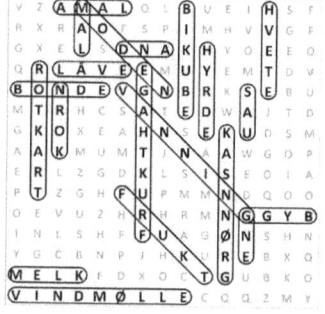

97 - Gartenarbeit

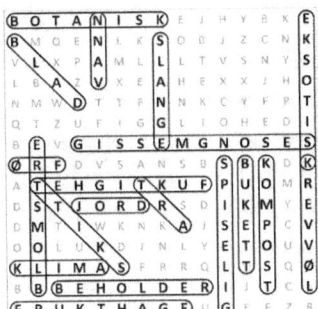

98 - Berufe #2

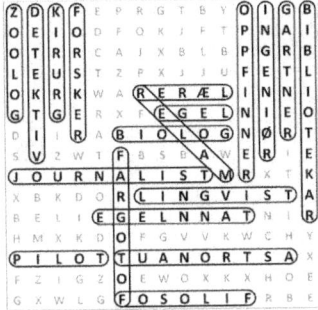

99 - Wetter

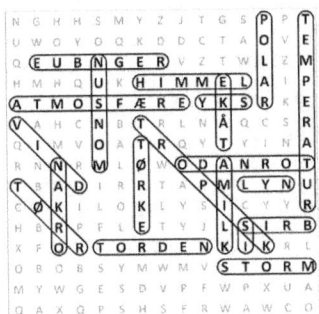

100 - Chemie

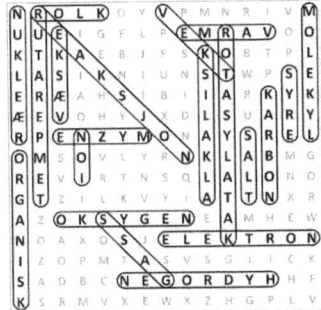

Wörterbuch

Abenteuer
Eventyr

Aktivität	Aktivitet
Ausflug	Utflukt
Begeisterung	Entusiasme
Chance	Sjanse
Freude	Glede
Freunde	Venner
Gefährlich	Farlig
Gelegenheit	Mulighet
Natur	Natur
Navigation	Navigasjon
Neu	Ny
Reisen	Reiser
Route	Reiserute
Schönheit	Skjønnhet
Schwierigkeit	Vanskelighet
Sicherheit	Sikkerhet
Ungewöhnlich	Uvanlig
Überraschend	Overraskende
Vorbereitung	Forberedelse
Ziel	Destinasjon

Adjektive #1
Adjektiver #1

Absolut	Absolutt
Aktiv	Aktiv
Aromatisch	Aromatisk
Attraktiv	Attraktiv
Dunkel	Mørk
Dünn	Tynn
Ehrlich	Ærlig
Glücklich	Glad
Identisch	Identisk
Künstlerisch	Kunstnerisk
Langsam	Langsom
Modern	Moderne
Perfekt	Perfekt
Riesig	Enorm
Schön	Vakker
Schwer	Tung
Tief	Dyp
Unschuldig	Uskyldig
Wertvoll	Verdifull
Wichtig	Viktig

Adjektive #2
Adjektiver #2

Authentisch	Autentisk
Berühmt	Berømt
Beschreibend	Beskrivende
Dramatisch	Dramatisk
Elegant	Elegant
Essbar	Spiselig
Frisch	Fersk
Gesund	Sunn
Hungrig	Sulten
Interessant	Interessant
Kreativ	Kreativ
Natürlich	Naturlig
Neu	Ny
Normal	Normal
Produktiv	Produktiv
Salzig	Salt
Stark	Sterk
Stolz	Stolt
Verantwortlich	Ansvarlig
Wild	Vill

Agronomie
Agronomi

Boden	Jord
Dünger	Gjødsel
Energie	Energi
Erosion	Erosjon
Gemüse	Grønnsaker
Krankheit	Sykdommer
Landwirtschaft	Landbruk
Ländlich	Landlig
Nachhaltig	Bærekraftig
Organisch	Organisk
Ökologie	Økologi
Pflanzen	Planter
Produktion	Produksjon
Studie	Studere
Systeme	Systemer
Umwelt	Miljø
Verschmutzung	Forurensing
Wachstum	Vekst
Wasser	Vann
Wissenschaft	Vitenskap

Aktivitäten
Aktiviteter

Aktivität	Aktivitet
Angeln	Fiske
Camping	Camping
Entspannung	Avslapning
Fotografie	Fotografering
Freizeit	Fritid
Gartenarbeit	Hagearbeid
Gemälde	Maleri
Jagd	Jakt
Keramik	Keramikk
Kunst	Kunst
Kunsthandwerk	Håndverk
Lesen	Lesing
Magie	Magi
Nähen	Sy
Spiele	Spill
Stricken	Strikking
Tanzen	Dans
Vergnügen	Glede
Wandern	Fotturer

Aktivitäten und Freizeit
Aktiviteter og Fritid

Angeln	Fiske
Baseball	Baseball
Basketball	Basketball
Boxen	Boksing
Camping	Camping
Einkaufen	Shopping
Entspannend	Avslappende
Fussball	Fotball
Gartenarbeit	Hagearbeid
Gemälde	Maleri
Golf	Golf
Kunst	Kunst
Reise	Reise
Schwimmen	Svømming
Surfen	Surfing
Tauchen	Dykking
Tennis	Tennis
Volleyball	Volleyball
Wandern	Fotturer

Algebra
Algebra

Bruchteil	Brøkdel
Diagramm	Diagram
Exponent	Eksponent
Faktor	Faktor
Falsch	Falsk
Formel	Formel
Gleichung	Ligning
Linear	Lineær
Lösen	Løse
Lösung	Løsning
Matrix	Matrise
Menge	Mengde
Null	Null
Nummer	Nummer
Problem	Problem
Subtraktion	Subtraksjon
Summe	Sum
Unendlich	Uendelig
Variable	Variabel
Vereinfachen	Forenkle

Angeln
Fiske

Ausrüstung	Utstyr
Boot	Båt
Draht	Ledning
Flossen	Finnene
Fluss	Elv
Geduld	Tålmodighet
Gewicht	Vekt
Haken	Krok
Jahreszeit	Årstid
Kiefer	Kjeve
Kiemen	Gjeller
Kochen	Kokk
Korb	Kurv
Köder	Agn
Ozean	Hav
See	Innsjø
Strand	Strand
Übertreibung	Overdrivelse
Wasser	Vann

Antarktis
Antarktis

Bucht	Bukt
Eis	Is
Erhaltung	Bevaring
Expedition	Ekspedisjon
Felsig	Steinete
Forscher	Forsker
Geographie	Geografi
Gletscher	Isbreer
Halbinsel	Halvøy
Kontinent	Kontinent
Migration	Migrasjon
Mineralien	Mineraler
Temperatur	Temperatur
Topographie	Topografi
Umwelt	Miljø
Vögel	Fugler
Wasser	Vann
Wetter	Vær
Wind	Vind
Wissenschaftlich	Vitenskapelig

Antiquitäten
Antikviteter

Alt	Gammel
Authentisch	Autentisk
Dekorativ	Dekorativ
Elegant	Elegant
Enthusiast	Entusiast
Galerie	Galleri
Gemälde	Malerier
Investition	Investering
Jahrhundert	Århundre
Kunst	Kunst
Möbel	Møbler
Münzen	Mynter
Preis	Pris
Qualität	Kvalitet
Schmuck	Smykker
Skulptur	Skulptur
Stil	Stil
Ungewöhnlich	Uvanlig
Wert	Verdi
Zustand	Tilstand

Archäologie
Arkeologi

Analyse	Analyse
Antiquität	Antikken
Auswertung	Vurdering
Ära	Æra
Experte	Ekspert
Forscher	Forsker
Fossil	Fossilt
Geheimnis	Mysterium
Grab	Grav
Knochen	Bein
Mannschaft	Team
Nachkomme	Etterkommer
Objekte	Objekter
Professor	Professor
Relikt	Relikvie
Tempel	Tempel
Unbekannt	Ukjent
Vergessen	Glemt
Zivilisation	Sivilisasjon

Astronomie
Astronomi

Asteroid	Asteroide
Astronaut	Astronaut
Astronom	Astronom
Erde	Jord
Himmel	Himmel
Komet	Komet
Konstellation	Konstellasjon
Kosmos	Kosmos
Meteor	Meteor
Mond	Måne
Nebel	Stjernetåke
Observatorium	Observatorium
Planet	Planet
Rakete	Rakett
Satellit	Satellitt
Stern	Stjerne
Supernova	Supernova
Teleskop	Teleskop
Tierkreis	Dyrekretsen
Universum	Univers

Ballett
Ballett

Anmutig	Grasiøs
Applaus	Applaus
Ausdrucksvoll	Uttrykksfull
Ballerina	Ballerina
Choreographie	Koreografi
Fähigkeit	Ferdighet
Geste	Gest
Intensität	Intensitet
Komponist	Komponist
Künstlerisch	Kunstnerisk
Musik	Musikk
Muskel	Muskler
Orchester	Orkester
Probe	Øving
Publikum	Publikum
Rhythmus	Rytme
Solo	Solo
Stil	Stil
Tänzer	Dansere
Technik	Teknikk

Barbecues
Grilling

Abendessen	Middag
Familie	Familie
Frucht	Frukt
Gabeln	Gafler
Gemüse	Grønnsaker
Grill	Grille
Heiss	Varmt
Huhn	Kylling
Hunger	Sult
Kinder	Barn
Kochen	Matlaging
Messer	Kniver
Mittagessen	Lunsj
Musik	Musikk
Pfeffer	Pepper
Salate	Salater
Salz	Salt
Sommer	Sommer
Sosse	Saus
Spiele	Spill

Bauernhof #1
Gården #1

Biene	Bie
Dünger	Gjødsel
Esel	Esel
Feld	Felt
Heu	Høy
Honig	Honning
Huhn	Kylling
Hund	Hund
Kalb	Kalv
Katze	Katt
Krähe	Kråke
Kuh	Ku
Land	Land
Landwirtschaft	Landbruk
Pferd	Hest
Reis	Ris
Schwein	Gris
Wasser	Vann
Zaun	Gjerde
Ziege	Geit

Bauernhof #2
Gården #2

Bauer	Bonde
Bewässerung	Vanning
Bienenstock	Bikube
Ente	And
Frucht	Frukt
Gemüse	Grønnsak
Gerste	Bygg
Lama	Lama
Lamm	Lam
Mais	Korn
Milch	Melk
Obstgarten	Frukthage
Reif	Moden
Schaf	Sau
Schäfer	Hyrde
Scheune	Låve
Traktor	Traktor
Weizen	Hvete
Wiese	Eng
Windmühle	Vindmølle

Berufe #1
Yrker # 1

Arzt	Lege
Astronom	Astronom
Bankier	Bankier
Botschafter	Ambassadør
Geologe	Geolog
Jäger	Jeger
Juwelier	Gullsmed
Kartograph	Kartograf
Klempner	Rørlegger
Krankenschwester	Sykepleier
Künstler	Kunstner
Mechaniker	Mekaniker
Musiker	Musiker
Pianist	Pianist
Psychologe	Psykolog
Rechtsanwalt	Advokat
Schneider	Skredder
Tänzer	Danser
Tierarzt	Veterinær
Trainer	Trener

Berufe #2
Yrker # 2

Arzt	Lege
Astronaut	Astronaut
Bibliothekar	Bibliotekar
Biologe	Biolog
Chirurg	Kirurg
Detektiv	Detektiv
Erfinder	Oppfinner
Forscher	Forsker
Fotograf	Fotograf
Gärtner	Gartner
Illustrator	Illustratør
Ingenieur	Ingeniør
Journalist	Journalist
Lehrer	Lærer
Linguist	Lingvist
Maler	Maler
Philosoph	Filosof
Pilot	Pilot
Zahnarzt	Tannlege
Zoologe	Zoolog

Bienen
Bier

Bestäuber	Pollinator
Bienenkorb	Bikube
Blumen	Blomster
Blüte	Blomstre
Flügel	Vinger
Frucht	Frukt
Garten	Hage
Honig	Honning
Insekt	Insekt
Königin	Dronning
Lebensraum	Habitat
Ökosystem	Økosystem
Pflanzen	Planter
Pollen	Pollon
Rauch	Røyk
Schwarm	Sverm
Sonne	Sol
Vielfalt	Mangfold
Vorteilhaft	Gunstig
Wachs	Voks

Bildende Kunst
Bildende Kunst

Architektur	Arkitektur
Bleistift	Blyant
Film	Film
Foto	Fotografi
Gemälde	Maleri
Holzkohle	Kull
Keramik	Keramikk
Kreativität	Kreativitet
Kreide	Kritt
Künstler	Artist
Lack	Lakk
Meisterwerk	Mesterverk
Perspektive	Perspektiv
Porträt	Portrett
Schablone	Sjablong
Skulptur	Skulptur
Staffelei	Staffeli
Stift	Penn
Ton	Leire
Wachs	Voks

Biologie
Biologi

Anatomie	Anatomi
Chromosom	Kromosom
Embryo	Embryo
Enzym	Enzym
Evolution	Evolusjon
Hormon	Hormon
Kollagen	Kollagen
Mutation	Mutasjon
Natürlich	Naturlig
Nerv	Nerve
Neuron	Nevron
Osmose	Osmose
Pflanzen	Planter
Photosynthese	Fotosyntese
Protein	Protein
Reptil	Reptil
Säugetier	Pattedyr
Symbiose	Symbiose
Synapse	Synapse
Zelle	Celle

Blumen
Blomster

Blütenblatt	Kronblad
Gardenie	Gardenia
Gänseblümchen	Tusenfryd
Hibiskus	Hibiskus
Jasmin	Sjasmin
Klee	Kløver
Lavendel	Lavendel
Lila	Lilla
Lilie	Lilje
Löwenzahn	Løvetann
Magnolie	Magnolia
Mohn	Valmue
Orchidee	Orkidé
Passionsblume	Pasjonsblomst
Pfingstrose	Peon
Plumeria	Plumeria
Rose	Rose
Sonnenblume	Solsikke
Strauss	Bukett
Tulpe	Tulipan

Boote
Båter

Anker	Anker
Boje	Bøye
Crew	Mannskap
Fähre	Ferje
Floss	Flåte
Fluss	Elv
Kajak	Kajakk
Kanu	Kano
Maritim	Maritim
Mast	Mast
Meer	Hav
Motor	Motor
Nautisch	Nautisk
Rettungsboot	Livbåt
See	Innsjø
Seemann	Sjømann
Segelboot	Seilbåt
Seil	Tau
Wellen	Bølger
Yacht	Yacht

Boxen
Boksekamp

Ecke	Hjørne
Ellbogen	Albue
Erschöpft	Utslitt
Faust	Neve
Fähigkeit	Ferdighet
Fokus	Fokus
Gegner	Motstander
Glocke	Klokke
Handschuhe	Hansker
Kämpfer	Jagerfly
Kick	Sparke
Kinn	Hake
Körper	Kropp
Punkte	Poeng
Schiedsrichter	Dommer
Schnell	Rask
Seile	Tau
Stärke	Styrke
Verletzungen	Skader

Bücher
Reserve

Abenteuer	Eventyr
Autor	Forfatter
Dualität	Dualitet
Episch	Episk
Erfinderisch	Oppfinnsom
Erzähler	Forteller
Gedicht	Dikt
Geschichte	Historie
Geschrieben	Skrevet
Historisch	Historisk
Humorvoll	Humoristisk
Kollektion	Samling
Kontext	Kontekst
Leser	Leser
Literarisch	Litterær
Poesie	Poesi
Roman	Roman
Seite	Side
Serie	Serie
Tragisch	Tragisk

Camping
Camping

Abenteuer	Eventyr
Bäume	Trær
Berg	Fjell
Feuer	Brann
Hängematte	Hengekøye
Hut	Hatt
Insekt	Insekt
Jagd	Jakt
Kabine	Hytte
Kanu	Kano
Karte	Kart
Kompass	Kompass
Mond	Måne
Natur	Natur
See	Innsjø
Seil	Tau
Spass	Moro
Tiere	Dyr
Wald	Skog
Zelt	Telt

Chemie
Kjemi

Alkalisch	Alkalisk
Chlor	Klor
Elektron	Elektron
Enzym	Enzym
Flüssigkeit	Væske
Gas	Gass
Gewicht	Vekt
Hitze	Varme
Ion	Ion
Katalysator	Katalysator
Kohlenstoff	Karbon
Molekül	Molekyl
Nuklear	Nukleær
Organisch	Organisk
Reaktion	Reaksjon
Salz	Salt
Sauerstoff	Oksygen
Säure	Syre
Temperatur	Temperatur
Wasserstoff	Hydrogen

Das Unternehmen
Selskapet

Beschäftigung	Sysselsetting
Einheiten	Enheter
Einnahmen	Inntekter
Entscheidung	Beslutning
Fortschritt	Framgang
Geschäft	Virksomhet
Global	Global
Industrie	Industri
Innovativ	Innovativ
Investition	Investering
Kreativ	Kreativ
Löhne	Lønn
Möglichkeit	Mulighet
Präsentation	Presentasjon
Produkt	Produkt
Professionell	Profesjonell
Qualität	Kvalitet
Ressourcen	Ressurser
Risiken	Risiko
Ruf	Rykte

Diplomatie
Diplomati

Ausländisch	Fremmed
Berater	Rådgiver
Botschaft	Ambassade
Botschafter	Ambassadør
Bürger	Borgere
Diplomatisch	Diplomatisk
Diskussion	Diskusjon
Ethik	Etikk
Gemeinschaft	Samfunnet
Gerechtigkeit	Rettferdighet
Humanitär	Humanitær
Integrität	Integritet
Konflikt	Konflikt
Lösung	Løsning
Politik	Politikk
Regierung	Regjering
Sicherheit	Sikkerhet
Sprachen	Språk
Vertrag	Traktat
Zusammenarbeit	Samarbeid

Elektrizität
Elektrisitet

Ausrüstung	Utstyr
Batterie	Batteri
Drähte	Ledninger
Elektriker	Elektriker
Elektrisch	Elektrisk
Fernsehen	Tv
Generator	Generator
Kabel	Kabel
Lagerung	Lagring
Lampe	Lampe
Laser	Laser
Magnet	Magnet
Menge	Mengde
Negativ	Negativ
Netzwerk	Nettverk
Objekte	Objekter
Positiv	Positiv
Steckdose	Stikkontakt
Telefon	Telefon

Emotionen
Følelser

Angst	Frykt
Beschämt	Flau
Dankbar	Takknemlig
Entspannt	Avslappet
Freude	Glede
Freundlichkeit	Vennlighet
Frieden	Fred
Inhalt	Innhold
Langeweile	Kjedsomhet
Liebe	Kjærlighet
Relief	Lettelse
Ruhe	Ro
Ruhig	Rolig
Sympathie	Sympati
Traurigkeit	Tristhet
Überraschen	Overraskelse
Wut	Sinne
Zärtlichkeit	Ømhet
Zufrieden	Fornøyd

Energie
Energi

Batterie	Batteri
Benzin	Bensin
Brennstoff	Brensel
Diesel	Diesel
Elektrisch	Elektrisk
Elektron	Elektron
Entropie	Entropi
Erneuerbar	Fornybar
Hitze	Varme
Industrie	Industri
Kohlenstoff	Karbon
Motor	Motor
Nuklear	Nukleær
Photon	Foton
Sonne	Sol
Turbine	Turbin
Umwelt	Miljø
Verschmutzung	Forurensing
Wasserstoff	Hydrogen
Wind	Vind

Ernährung
Ernæring

Appetit	Appetitt
Ausgewogen	Balansert
Bitter	Bitter
Diät	Diett
Essbar	Spiselig
Fermentation	Gjæring
Geschmack	Smak
Gesund	Sunn
Gesundheit	Helse
Gewicht	Vekt
Kalorien	Kalorier
Kohlenhydrate	Karbohydrater
Nährstoff	Næringsstoff
Portion	Del
Proteine	Proteiner
Qualität	Kvalitet
Sosse	Saus
Toxin	Gift
Verdauung	Fordøyelse
Vitamin	Vitamin

Essen #1
Mat #1

Basilikum	Basilikum
Birne	Pære
Erdbeere	Jordbær
Erdnuss	Peanøtt
Fleisch	Kjøtt
Kaffee	Kaffe
Karotte	Gulrot
Knoblauch	Hvitløk
Milch	Melk
Rübe	Nepe
Saft	Juice
Salat	Salat
Salz	Salt
Spinat	Spinat
Suppe	Suppe
Thunfisch	Tunfisk
Zimt	Kanel
Zitrone	Sitron
Zucker	Sukker
Zwiebel	Løk

Essen #2
Mat #2

Apfel	Eple
Artischocke	Artisjokk
Aubergine	Aubergine
Banane	Banan
Brokkoli	Brokkoli
Brot	Brød
Ei	Egg
Fisch	Fisk
Joghurt	Yoghurt
Käse	Ost
Kirsche	Kirsebær
Mandel	Mandel
Pilz	Sopp
Reis	Ris
Schinken	Skinke
Schokolade	Sjokolade
Sellerie	Selleri
Spargel	Asparges
Tomate	Tomat
Weizen	Hvete

Fahren
Kjøring

Auto	Bil
Bremsen	Bremser
Brennstoff	Brensel
Bus	Buss
Garage	Garasje
Gas	Gass
Gefahr	Fare
Geschwindigkeit	Hastighet
Karte	Kart
Lizenz	Lisens
Lkw	Lastebil
Motor	Motor
Motorrad	Motorsykkel
Polizei	Politi
Sicherheit	Sikkerhet
Transport	Transport
Tunnel	Tunnel
Unfall	Ulykke
Verkehr	Trafikk
Vorsicht	Forsiktighet

Fahrzeuge
Kjøretøy

Auto	Bil
Boot	Båt
Bus	Buss
Fahrrad	Sykkel
Fähre	Ferje
Floss	Flåte
Flugzeug	Fly
Hubschrauber	Helikopter
Krankenwagen	Ambulanse
Lkw	Lastebil
Motor	Motor
Rakete	Rakett
Reifen	Dekk
Roller	Scooter
Taxi	Taxi
Traktor	Traktor
U-Bahn	T
U-Boot	Undervannsbåt
Wohnwagen	Campingvogn
Zug	Tog

Familie
Familien

Bruder	Bror
Ehefrau	Kone
Ehemann	Ektemann
Enkel	Barnebarn
Grossmutter	Bestemor
Grossvater	Bestefar
Kind	Barn
Kindheit	Barndom
Mutter	Mor
Mütterlich	Mors
Neffe	Nevø
Nichte	Niese
Onkel	Onkel
Schwester	Søster
Tante	Tante
Tochter	Datter
Vater	Far
Väterlich	Faderlig
Vetter	Fetter
Vorfahr	Stamfar

Flugzeuge
Fly

Abenteuer	Eventyr
Abstieg	Avstamning
Atmosphäre	Atmosfære
Ballon	Ballong
Brennstoff	Brensel
Crew	Mannskap
Design	Design
Geschichte	Historie
Himmel	Himmel
Höhe	Høyde
Konstruktion	Konstruksjon
Luft	Luft
Motor	Motor
Navigieren	Navigere
Passagier	Passasjer
Pilot	Pilot
Propeller	Propeller
Turbulenz	Turbulens
Wasserstoff	Hydrogen
Wetter	Vær

Formen
Former

Bogen	Bue
Dreieck	Trekant
Ecke	Hjørne
Ellipse	Ellipse
Hyperbel	Hyperbola
Kanten	Kanter
Kegel	Kjegle
Kreis	Sirkel
Kurve	Kurve
Linie	Linje
Oval	Oval
Polygon	Polygon
Prisma	Prisme
Pyramide	Pyramide
Quadrat	Torget
Rechteck	Rektangel
Rund	Rund
Seite	Side
Würfel	Kube
Zylinder	Sylinder

Garten
Hage

Bank	Benk
Baum	Tre
Blume	Blomst
Boden	Jord
Busch	Busk
Garage	Garasje
Garten	Hage
Gras	Gress
Hängematte	Hengekøye
Obstgarten	Frukthage
Rasen	Plen
Rechen	Rake
Schaufel	Spade
Schlauch	Slange
Teich	Dam
Terrasse	Terrasse
Trampolin	Trampoline
Unkraut	Ugress
Veranda	Veranda
Zaun	Gjerde

Gartenarbeit
Hagearbeid

Art	Art
Blatt	Blad
Blüte	Blomstre
Boden	Jord
Botanisch	Botanisk
Container	Beholder
Essbar	Spiselig
Exotisch	Eksotisk
Feuchtigkeit	Fuktighet
Klima	Klima
Kompost	Kompost
Laub	Løvverk
Obstgarten	Frukthage
Saat	Frø
Saisonal	Sesongmessig
Schlauch	Slange
Schmutz	Skitt
Strauss	Bukett
Wasser	Vann

Gebäude
Bygningsmasse

Bauernhof	Gård
Botschaft	Ambassade
Fabrik	Fabrikk
Garage	Garasje
Herberge	Herberge
Hotel	Hotell
Kabine	Hytte
Kino	Kino
Krankenhaus	Sykehus
Labor	Laboratorium
Museum	Museum
Observatorium	Observatorium
Scheune	Låve
Schule	Skole
Stadion	Stadion
Supermarkt	Supermarked
Theater	Teater
Turm	Tårn
Universität	Universitet
Zelt	Telt

Gemüse
Grønnsaker

Artischocke	Artisjokk
Aubergine	Aubergine
Blumenkohl	Blomkål
Brokkoli	Brokkoli
Erbse	Ert
Gurke	Agurk
Ingwer	Ingefær
Karotte	Gulrot
Kartoffel	Potet
Knoblauch	Hvitløk
Kürbis	Gresskar
Olive	Oliven
Petersilie	Persille
Pilz	Sopp
Rübe	Nepe
Salat	Salat
Sellerie	Selleri
Spinat	Spinat
Tomate	Tomat
Zwiebel	Løk

Geographie
Geografi

Atlas	Atlas
Äquator	Ekvator
Berg	Fjell
Breite	Breddegrad
Fluss	Elv
Gebiet	Territorium
Hemisphäre	Halvkule
Höhe	Høyde
Insel	Øy
Karte	Kart
Kontinent	Kontinent
Land	Land
Längengrad	Lengdegrad
Meer	Hav
Meridian	Meridian
Norden	Nord
Region	Region
Stadt	By
Welt	Verden
West	Vest

Geologie
Geologi

Erdbeben	Jordskjelv
Erosion	Erosjon
Fossil	Fossilt
Geschmolzen	Smeltet
Geysir	Geysir
Höhle	Hule
Kalzium	Kalsium
Kontinent	Kontinent
Koralle	Korall
Lava	Lava
Mineralien	Mineraler
Plateau	Platå
Quarz	Kvarts
Salz	Salt
Säure	Syre
Stalagmiten	Stalagmitter
Stalaktit	Stalaktitt
Stein	Stein
Vulkan	Vulkan
Zone	Sone

Geometrie
Geometri

Anteil	Andel
Berechnung	Beregning
Dimension	Dimensjon
Dreieck	Trekant
Durchmesser	Diameter
Gleichung	Ligning
Horizontal	Horisontal
Höhe	Høyde
Kreis	Sirkel
Kurve	Kurve
Logik	Logikk
Masse	Masse
Nummer	Nummer
Oberfläche	Flate
Parallel	Parallell
Quadrat	Torget
Segment	Segmentet
Symmetrie	Symmetri
Theorie	Teori
Winkel	Vinkel

Geschäft
Forretninger

Arbeitgeber	Arbeidsgiver
Budget	Budsjett
Büro	Kontor
Einkommen	Inntekt
Fabrik	Fabrikk
Geld	Penger
Geschäft	Butikk
Gewinn	Profitt
Investition	Investering
Karriere	Karriere
Kosten	Koste
Manager	Leder
Mitarbeiter	Ansatt
Rabatt	Rabatt
Steuern	Skatter
Transaktion	Transaksjon
Verkauf	Salg
Ware	Handelsvarer
Währung	Valuta
Wirtschaft	Økonomi

Gesundheit und Wellness #1
Helse og Velvære #1

Aktiv	Aktiv
Apotheke	Apotek
Arzt	Lege
Bakterien	Bakterie
Behandlung	Behandling
Entspannung	Avslapning
Fraktur	Brudd
Gewohnheit	Vane
Haut	Hud
Höhe	Høyde
Hunger	Sult
Klinik	Klinikk
Knochen	Bein
Medizin	Medisin
Medizinisch	Medisinsk
Nerven	Nerver
Reflex	Refleks
Therapie	Terapi
Verletzung	Skade
Virus	Virus

Gesundheit und Wellness #2
Helse og Velvære #2

Allergie	Allergi
Anatomie	Anatomi
Appetit	Appetitt
Blut	Blod
Diät	Diett
Energie	Energi
Genetik	Genetikk
Gesund	Sunn
Gewicht	Vekt
Hygiene	Hygiene
Infektion	Infeksjon
Kalorie	Kalori
Krankenhaus	Sykehus
Krankheit	Sykdom
Massage	Massasje
Risiken	Risiko
Schlafen	Søvn
Sport	Sport
Stress	Stress
Vitamin	Vitamin

Gewürze
Krydder

Anis	Anis
Bitter	Bitter
Curry	Karri
Fenchel	Fennikel
Geschmack	Smak
Ingwer	Ingefær
Kardamom	Kardemomme
Knoblauch	Hvitløk
Lakritze	Lakris
Muskatnuss	Muskat
Nelke	Fedd
Paprika	Paprika
Pfeffer	Pepper
Safran	Safran
Salz	Salt
Sauer	Sur
Süss	Søt
Vanille	Vanilje
Zimt	Kanel
Zwiebel	Løk

Globale Erwärmung
Global Oppvarming

Arktis	Arktisk
Aufmerksamkeit	Oppmerksomhet
Daten	Data
Energie	Energi
Entwicklung	Utvikling
Gas	Gass
Generationen	Generasjoner
Gesetzgebung	Lovgivning
Industrie	Industri
International	Internasjonal
Jetzt	Nå
Klima	Klima
Krise	Krise
Lebensraum	Habitater
Regierung	Regjering
Temperaturen	Temperaturer
Umwelt	Miljø
Wissenschaftler	Forsker
Zukunft	Fremtid

Haartypen
Hårtyper

Blond	Blond
Braun	Brun
Dick	Tykk
Dünn	Tynn
Farbig	Farget
Geflochten	Flettet
Gesund	Sunn
Grau	Grå
Kahl	Skallet
Kurz	Kort
Lang	Lang
Locken	Krøller
Lockig	Krøllet
Schwarz	Svart
Silber	Sølv
Trocken	Tørr
Weich	Myk
Weiss	Hvit
Wellig	Bølgete
Zöpfe	Fletter

Haus
Hus

Besen	Kost
Bibliothek	Bibliotek
Dach	Tak
Dachboden	Loft
Dusche	Dusj
Fenster	Vindu
Garage	Garasje
Garten	Hage
Kamin	Peis
Küche	Kjøkken
Lampe	Lampe
Möbel	Møbler
Schlafzimmer	Soverom
Schlüssel	Nøkler
Schornstein	Skorstein
Spiegel	Speil
Tür	Dør
Wand	Vegg
Zaun	Gjerde
Zimmer	Rom

Ingenieurwesen
Teknisk

Achse	Akser
Antrieb	Fremdrift
Berechnung	Beregning
Diagramm	Diagram
Diesel	Diesel
Durchmesser	Diameter
Energie	Energi
Flüssigkeit	Væske
Hebel	Spaker
Konstruktion	Konstruksjon
Maschine	Maskin
Messung	Mål
Motor	Motor
Reibung	Friksjon
Stabilität	Stabilitet
Stärke	Styrke
Struktur	Struktur
Tiefe	Dybde
Verteilung	Distribusjon
Winkel	Vinkel

Jazz
Jazz

Album	Album
Alt	Gammel
Applaus	Applaus
Berühmt	Berømt
Favoriten	Favoritter
Genre	Sjanger
Improvisation	Improvisasjon
Komponist	Komponist
Konzert	Konsert
Künstler	Kunstner
Lied	Sang
Musik	Musikk
Musiker	Musikere
Neu	Ny
Orchester	Orkester
Rhythmus	Rytme
Solo	Solo
Stil	Stil
Talent	Talent
Technik	Teknikk

Kleidung
Klær

Armband	Armbånd
Bluse	Bluse
Gürtel	Belte
Halskette	Halskjede
Handschuhe	Hansker
Hemd	Skjorte
Hose	Bukse
Hut	Hatt
Jacke	Jakke
Jeans	Jeans
Kleid	Kjole
Mantel	Frakk
Mode	Mote
Pullover	Genser
Rock	Skjørt
Schal	Skjerf
Schlafanzug	Pyjamas
Schmuck	Smykker
Schuh	Sko
Schürze	Forkle

Krankheit
Sykdom

Akut	Akutt
Allergien	Allergi
Ansteckend	Smittsom
Atemwege	Luftveiene
Bakteriell	Bakteriell
Chronisch	Kronisk
Entzündung	Betennelse
Erblich	Arvelig
Genetisch	Genetisk
Gesundheit	Helse
Herz	Hjerte
Immunität	Immunitet
Knochen	Bein
Körper	Kropp
Neuropathie	Nevropati
Schwach	Svak
Sinus	Sinus
Syndrom	Syndrom
Therapie	Terapi
Wellness	Velvære

Kräuterkunde
Urtemedisin

Aromatisch	Aromatisk
Basilikum	Basilikum
Blume	Blomst
Dill	Dill
Estragon	Estragon
Fenchel	Fennikel
Garten	Hage
Geschmack	Smak
Grün	Grønn
Knoblauch	Hvitløk
Kulinarisch	Kulinarisk
Lavendel	Lavendel
Majoran	Marjoram
Petersilie	Persille
Qualität	Kvalitet
Rosmarin	Rosmarin
Safran	Safran
Thymian	Timian
Vorteilhaft	Gunstig
Zutat	Ingrediens

Kreativität
Kreativitet

Ausdruck	Uttrykk
Authentizität	Autentisitet
Bild	Bilde
Dramatisch	Dramatisk
Eindruck	Inntrykk
Erfinderisch	Oppfinnsom
Fähigkeit	Ferdighet
Flüssigkeit	Flyt
Gefühle	Følelser
Ideen	Ideer
Inspiration	Inspirasjon
Intensität	Intensitet
Intuition	Intuisjon
Klarheit	Klarhet
Künstlerisch	Kunstnerisk
Phantasie	Fantasi
Sensation	Følelse
Spontan	Spontan
Visionen	Visjoner
Vitalität	Vitalitet

Kunst
Kunst

Ausdruck	Uttrykk
Ehrlich	Ærlig
Einfach	Enkel
Gegenstand	Emne
Gemälde	Malerier
Inspiriert	Inspirert
Keramik	Keramisk
Komplex	Kompleks
Original	Original
Persönlich	Personlig
Poesie	Poesi
Porträtieren	Skildre
Schaffen	Skape
Skulptur	Skulptur
Stimmung	Humør
Surrealismus	Surrealisme
Symbol	Symbol
Visuell	Visuell
Zusammensetzung	Sammensetning

Kunst Liefert
Kunst Forsyninger

Acryl	Akryl
Bleistifte	Blyanter
Buntstifte	Fargestifter
Bürsten	Børster
Farben	Farger
Holzkohle	Kull
Ideen	Ideer
Kamera	Kamera
Kreativität	Kreativitet
Leim	Lim
Öl	Olje
Papier	Papir
Radiergummi	Viskelær
Staffelei	Staffeli
Stuhl	Stol
Tabelle	Bord
Tinte	Blekk
Ton	Leire
Wasser	Vann

Landschaften
Landskap

Berg	Fjell
Eisberg	Isfjell
Fluss	Elv
Geysir	Geysir
Gletscher	Isbre
Golf	Gulf
Halbinsel	Halvøy
Höhle	Hule
Hügel	Ås
Insel	Øy
Meer	Hav
Oase	Oase
See	Innsjø
Strand	Strand
Sumpf	Sump
Tal	Dal
Tundra	Tundra
Vulkan	Vulkan
Wasserfall	Foss
Wüste	Ørken

Länder #1
Land #1

Ägypten	Egypt
Brasilien	Brasil
Deutschland	Tyskland
Finnland	Finland
Indien	India
Irak	Irak
Israel	Israel
Italien	Italia
Kambodscha	Kambodsja
Kanada	Canada
Lettland	Latvia
Mali	Mali
Nicaragua	Nicaragua
Norwegen	Norge
Polen	Polen
Rumänien	Romania
Senegal	Senegal
Spanien	Spania
Venezuela	Venezuela
Vietnam	Vietnam

Länder #2
Land #2

Albanien	Albania
Äthiopien	Etiopia
Frankreich	Frankrike
Griechenland	Hellas
Haiti	Haiti
Irland	Irland
Jamaika	Jamaica
Japan	Japan
Kenia	Kenya
Laos	Laos
Liberia	Liberia
Mexiko	Mexico
Nepal	Nepal
Nigeria	Nigeria
Pakistan	Pakistan
Russland	Russland
Sudan	Sudan
Syrien	Syria
Uganda	Uganda
Ukraine	Ukraina

Literatur
Litteratur

Analogie	Analogi
Analyse	Analyse
Anekdote	Anekdote
Autor	Forfatter
Beschreibung	Beskrivelse
Biographie	Biografi
Dialog	Dialog
Erzähler	Forteller
Gedicht	Dikt
Genre	Sjanger
Metapher	Metafor
Poetisch	Poetisk
Reim	Rim
Rhythmus	Rytme
Roman	Roman
Schlussfolgerung	Konklusjon
Stil	Stil
Thema	Tema
Tragödie	Tragedie
Vergleich	Sammenligning

Mathematik
Matematikk

Arithmetik	Aritmetikk
Bruchteil	Brøkdel
Dezimal	Desimal
Division	Divisjon
Dreieck	Trekant
Durchmesser	Diameter
Exponent	Eksponent
Geometrie	Geometri
Gleichung	Ligning
Kugel	Sfære
Parallel	Parallell
Polygon	Polygon
Quadrat	Torget
Radius	Radius
Rechteck	Rektangel
Summe	Sum
Symmetrie	Symmetri
Umfang	Omkrets
Volumen	Volum
Winkel	Vinkler

Meditation
Meditasjon

Annahme	Aksept
Atmung	Puste
Aufmerksamkeit	Oppmerksomhet
Bewegung	Bevegelse
Dankbarkeit	Takknemlighet
Einblick	Innsikt
Freundlichkeit	Vennlighet
Frieden	Fred
Gedanken	Tanker
Geistig	Mental
Glück	Lykke
Klarheit	Klarhet
Mitgefühl	Medfølelse
Musik	Musikk
Natur	Natur
Perspektive	Perspektiv
Ruhig	Rolig
Stille	Stillhet
Verstand	Sinn
Wach	Våken

Menschlicher Körper
Menneskekroppen

Bein	Bein
Blut	Blod
Ellbogen	Albue
Finger	Finger
Gehirn	Hjerne
Gesicht	Ansikt
Hals	Hals
Hand	Hånd
Haut	Hud
Herz	Hjerte
Kiefer	Kjeve
Kinn	Hake
Knie	Kne
Knöchel	Ankel
Kopf	Hode
Mund	Munn
Nase	Nese
Ohr	Øre
Schulter	Skulder
Zunge	Tunge

Messungen
Målinger

Breite	Bredde
Byte	Byte
Dezimal	Desimal
Gewicht	Vekt
Grad	Grad
Gramm	Gram
Höhe	Høyde
Kilogramm	Kilo
Kilometer	Kilometer
Länge	Lengde
Liter	Liter
Masse	Masse
Meter	Meter
Minute	Minutt
Tiefe	Dybde
Tonne	Tonn
Unze	Unse
Volumen	Volum
Zentimeter	Centimeter
Zoll	Tomme

Mode
Mote

Bescheiden	Beskjeden
Boutique	Boutique
Einfach	Enkel
Elegant	Elegant
Erschwinglich	Rimelig
Kleidung	Klær
Komfortabel	Komfortabel
Minimalistisch	Minimalistisk
Modern	Moderne
Muster	Mønster
Original	Original
Praktisch	Praktisk
Spitze	Blonder
Stickerei	Broderi
Stil	Stil
Stoff	Stoff
Tasten	Knapper
Teuer	Dyrt
Textur	Tekstur
Trend	Trend

Musik
Musikk

Album	Album
Ballade	Ballade
Chor	Kor
Harmonie	Harmoni
Harmonisch	Harmonisk
Improvisieren	Improvisere
Instrument	Instrument
Klassisch	Klassisk
Lyrisch	Lyrisk
Melodie	Melodi
Mikrofon	Mikrofon
Musical	Musikalsk
Musiker	Musiker
Oper	Opera
Poetisch	Poetisk
Rhythmisch	Rytmisk
Rhythmus	Rytme
Sänger	Sanger
Singen	Synge
Tempo	Tempo

Musikinstrumente
Musikkinstrumenter

Banjo	Banjo
Cello	Cello
Fagott	Fagott
Flöte	Fløyte
Geige	Fiolin
Gitarre	Gitar
Gong	Gong
Harfe	Harpe
Klarinette	Klarinett
Klavier	Piano
Mandoline	Mandolin
Marimba	Marimba
Mundharmonika	Munnspill
Oboe	Obo
Posaune	Trombone
Saxophon	Saksofon
Schlagzeug	Perkusjon
Tamburin	Tamburin
Trommel	Tromme
Trompete	Trompet

Mythologie
Mytologi

Archetyp	Arketype
Blitz	Lyn
Donner	Torden
Eifersucht	Sjalusi
Held	Helt
Himmel	Himmel
Katastrophe	Katastrofe
Kreation	Skapelse
Kreatur	Skapning
Krieger	Kriger
Kultur	Kultur
Labyrinth	Labyrint
Legende	Legende
Magisch	Magisk
Monster	Monster
Rache	Hevn
Stärke	Styrke
Sterblich	Dødelig
Unsterblichkeit	Udødelighet
Verhalten	Oppførsel

Natur
Naturen

Arktis	Arktisk
Berge	Fjell
Bienen	Bier
Dynamisch	Dynamisk
Erosion	Erosjon
Fluss	Elv
Friedlich	Fredelig
Gletscher	Isbre
Heiligtum	Helligdom
Heiter	Rolig
Laub	Løvverk
Lebenswichtig	Viktig
Nebel	Tåke
Schönheit	Skjønnhet
Schutz	Ly
Tiere	Dyr
Tropisch	Tropisk
Wald	Skog
Wild	Vill
Wüste	Ørken

Obst
Frukt

Ananas	Ananas
Apfel	Eple
Aprikose	Aprikos
Avocado	Avokado
Banane	Banan
Beere	Bær
Birne	Pære
Brombeere	Bjørnebær
Himbeere	Bringebær
Kirsche	Kirsebær
Kiwi	Kiwi
Kokosnuss	Kokosnøtt
Melone	Melon
Nektarine	Nektarin
Orange	Oransje
Papaya	Papaya
Pfirsich	Fersken
Pflaume	Plomme
Traube	Drue
Zitrone	Sitron

Ozean
Havet

Aal	Ål
Auster	Østers
Boot	Båt
Delfin	Delfin
Fisch	Fisk
Garnele	Reke
Gezeiten	Tidevann
Hai	Hai
Koralle	Korall
Krabbe	Krabbe
Krake	Blekksprut
Qualle	Manet
Riff	Rev
Salz	Salt
Schildkröte	Skilpadde
Schwamm	Svamp
Sturm	Storm
Thunfisch	Tunfisk
Wal	Hval
Wellen	Bølger

Ökologie
Økologi

Art	Art
Berge	Fjell
Dürre	Tørke
Fauna	Fauna
Flora	Flora
Freiwillige	Frivillige
Gemeinschaft	Samfunn
Global	Global
Klima	Klima
Lebensraum	Habitat
Marine	Marine
Nachhaltig	Bærekraftig
Natur	Natur
Natürlich	Naturlig
Pflanzen	Planter
Ressourcen	Ressurser
Sumpf	Myr
Überleben	Overlevelse
Vegetation	Vegetasjon
Vielfalt	Mangfold

Pflanzen
Planter

Bambus	Bambus
Baum	Tre
Beere	Bær
Blume	Blomst
Blütenblatt	Kronblad
Bohne	Bønne
Botanik	Botanikk
Busch	Busk
Dünger	Gjødsel
Efeu	Eføy
Flora	Flora
Garten	Hage
Gras	Gress
Kaktus	Kaktus
Kraut	Urt
Laub	Løvverk
Moos	Mose
Vegetation	Vegetasjon
Wald	Skog
Wurzel	Rot

Philanthropie
Filantropi

Brauchen	Trenge
Ehrlichkeit	Ærlighet
Finanzieren	Finans
Gemeinschaft	Samfunnet
Geschichte	Historie
Global	Global
Grosszügigkeit	Gavmildhet
Gruppen	Grupper
Jugend	Ungdom
Kinder	Barn
Kontakte	Kontakter
Menschen	Folk
Menschheit	Menneskehet
Mission	Misjon
Mittel	Midler
Nächstenliebe	Veldedighet
Öffentlich	Offentlig
Programme	Programmer
Spenden	Donere
Ziele	Mål

Physik
Fysikk

Atom	Atom
Beschleunigung	Akselerasjon
Chaos	Kaos
Chemisch	Kjemisk
Dichte	Tetthet
Elektron	Elektron
Experiment	Eksperiment
Formel	Formel
Frequenz	Frekvens
Gas	Gass
Geschwindigkeit	Hastighet
Magnetismus	Magnetisme
Masse	Masse
Mechanik	Mekanikk
Molekül	Molekyl
Motor	Motor
Nuklear	Nukleær
Partikel	Partikkel
Universal	Universell
Variable	Variabel

Psychologie
Psykologi

Bewertung	Vurdering
Bewusstlos	Bevisstløs
Ego	Ego
Einflüsse	Påvirkninger
Erinnerungen	Minner
Gedanken	Tanker
Ideen	Ideer
Kindheit	Barndom
Klinisch	Klinisk
Kognition	Kognisjon
Konflikt	Konflikt
Persönlichkeit	Personlighet
Problem	Problem
Sensation	Følelse
Termin	Avtale
Therapie	Terapi
Träume	Drømmer
Verhalten	Oppførsel
Wahrnehmung	Oppfatning
Wirklichkeit	Virkelighet

Regierung
Myndighetene

Bezirk	Distrikt
Demokratie	Demokrati
Denkmal	Monument
Diskussion	Diskusjon
Freiheit	Frihet
Friedlich	Fredelig
Führer	Leder
Gerechtigkeit	Rettferdighet
Gesetz	Lov
Gleichheit	Likestilling
Nation	Nasjon
National	Nasjonal
Politik	Politikk
Rechte	Rettigheter
Rede	Tale
Staat	Stat
Symbol	Symbol
Unabhängigkeit	Uavhengighet
Verfassung	Grunnlov
Zivil	Sivil

Restaurant #2
Restaurant # 2

Abendessen	Middag
Eis	Is
Fisch	Fisk
Frucht	Frukt
Gabel	Gaffel
Gemüse	Grønnsaker
Getränk	Drikk
Gewürze	Krydder
Kellner	Kelner
Köstlich	Deilig
Kuchen	Kake
Löffel	Skje
Mittagessen	Lunsj
Nudeln	Nudler
Salat	Salat
Salz	Salt
Stuhl	Stol
Suppe	Suppe
Vorspeise	Forrett
Wasser	Vann

Säugetiere
Pattedyr

Affe	Ape
Bär	Bjørn
Biber	Bever
Elefant	Elefant
Fuchs	Rev
Giraffe	Sjiraff
Gorilla	Gorilla
Hund	Hund
Känguru	Kenguru
Kojote	Prærieulv
Löwe	Løve
Panther	Panter
Pferd	Hest
Ratte	Rotte
Schaf	Sau
Stier	Okse
Tiger	Tiger
Wal	Hval
Wolf	Ulv
Zebra	Sebra

Schönheit
Skjønnhet

Anmut	Nåde
Charme	Sjarm
Dienstleistungen	Tjenester
Duft	Duft
Elegant	Elegant
Eleganz	Eleganse
Farbe	Farge
Fotogen	Fotogen
Glatt	Glatt
Haut	Hud
Kosmetik	Kosmetikk
Lippenstift	Leppestift
Locken	Krøller
Öle	Oljer
Produkte	Produkter
Schere	Saks
Shampoo	Sjampo
Spiegel	Speil
Stylist	Stylist
Wimperntusche	Mascara

Science Fiction
Science Fiction

Bücher	Bøker
Dystopie	Dystopi
Explosion	Eksplosjon
Extrem	Ekstrem
Fantastisch	Fantastisk
Feuer	Brann
Futuristisch	Futuristisk
Galaxie	Galaxy
Geheimnisvoll	Mystisk
Illusion	Illusjon
Imaginär	Innbilt
Kino	Kino
Orakel	Orakel
Planet	Planet
Realistisch	Realistisk
Roboter	Roboter
Szenario	Scenario
Technologie	Teknologi
Utopie	Utopi
Welt	Verden

Stadt
Byen

Apotheke	Apotek
Bank	Bank
Bäckerei	Bakeri
Bibliothek	Bibliotek
Buchhandlung	Bokhandel
Flughafen	Flyplassen
Galerie	Galleri
Hotel	Hotell
Kino	Kino
Klinik	Klinikk
Markt	Marked
Museum	Museum
Restaurant	Restaurant
Salon	Salong
Schule	Skole
Stadion	Stadion
Supermarkt	Supermarked
Theater	Teater
Universität	Universitet
Zoo	Dyrehage

Tage und Monate
Dager og Måneder

August	August
Dezember	Desember
Dienstag	Tirsdag
Donnerstag	Torsdag
Februar	Februar
Freitag	Fredag
Jahr	År
Januar	Januar
Juli	Juli
Juni	Juni
Kalender	Kalender
Mittwoch	Onsdag
Monat	Måned
Montag	Mandag
November	November
Oktober	Oktober
Samstag	Lørdag
September	September
Sonntag	Søndag
Woche	Uke

Tanzen
Danse

Akademie	Akademi
Anmut	Nåde
Ausdrucksvoll	Uttrykksfull
Bewegung	Bevegelse
Choreographie	Koreografi
Emotion	Følelse
Freudig	Gledelig
Haltung	Holdning
Klassisch	Klassisk
Körper	Kropp
Kultur	Kultur
Kulturell	Kulturell
Kunst	Kunst
Musik	Musikk
Partner	Samboer
Probe	Øving
Rhythmus	Rytme
Springen	Hoppe
Traditionell	Tradisjonell
Visuell	Visuell

Technologie
Teknologi

Anzeige	Vise
Bildschirm	Skjerm
Blog	Blogg
Browser	Nettleser
Bytes	Byte
Computer	Datamaskin
Cursor	Markør
Datei	Fil
Daten	Data
Digital	Digitalt
Forschung	Forskning
Internet	Internett
Kamera	Kamera
Nachricht	Melding
Schriftart	Skrift
Sicherheit	Sikkerhet
Software	Programvare
Statistik	Statistikk
Virtuell	Virtuell
Virus	Virus

Universum
Universet

Asteroid	Asteroide
Astronom	Astronom
Astronomie	Astronomi
Atmosphäre	Atmosfære
Äon	Eon
Äquator	Ekvator
Breite	Breddegrad
Dunkelheit	Mørke
Galaxie	Galaxy
Hemisphäre	Halvkule
Himmel	Himmel
Horizont	Horisont
Kosmisch	Kosmisk
Längengrad	Lengdegrad
Mond	Måne
Orbit	Bane
Sichtbar	Synlig
Sonnenwende	Solverv
Teleskop	Teleskop
Tierkreis	Dyrekretsen

Urlaub #2
Ferie # 2

Ausländer	Utlending
Ausländisch	Fremmed
Camping	Camping
Flughafen	Flyplassen
Freizeit	Fritid
Hotel	Hotell
Insel	Øy
Karte	Kart
Meer	Hav
Pass	Pass
Reise	Reise
Restaurant	Restaurant
Strand	Strand
Taxi	Taxi
Transport	Transport
Urlaub	Ferie
Visum	Visum
Zelt	Telt
Ziel	Destinasjon
Zug	Tog

Vögel
Fugler

Adler	Ørn
Ei	Egg
Ente	And
Eule	Ugle
Flamingo	Flamingo
Gans	Gås
Huhn	Kylling
Krähe	Kråke
Kuckuck	Gjøk
Möwe	Måke
Papagei	Papegøye
Pelikan	Pelikan
Pfau	Påfugl
Pinguin	Pingvin
Rabe	Ravn
Reiher	Hegre
Schwan	Svanen
Spatz	Spurv
Storch	Stork
Taube	Due

Wandern
Vandring

Berg	Fjell
Camping	Camping
Gefahren	Farer
Gipfel	Toppmøte
Karte	Kart
Klima	Klima
Klippe	Klippe
Müde	Trøtt
Natur	Natur
Orientierung	Orientering
Parks	Parker
Schwer	Tung
Sonne	Sol
Steine	Steiner
Stiefel	Støvler
Tiere	Dyr
Vorbereitung	Forberedelse
Wasser	Vann
Wetter	Vær
Wild	Vill

Wetter
Været

Atmosphäre	Atmosfære
Blitz	Lyn
Brise	Bris
Donner	Torden
Dürre	Tørke
Eis	Is
Himmel	Himmel
Hurrikan	Orkan
Klima	Klima
Monsun	Monsun
Nebel	Tåke
Polar	Polar
Regenbogen	Regnbue
Sturm	Storm
Temperatur	Temperatur
Tornado	Tornado
Trocken	Tørr
Tropisch	Tropisk
Wind	Vind
Wolke	Sky

Wissenschaft
Vitenskap

Atom	Atom
Chemisch	Kjemisk
Daten	Data
Evolution	Evolusjon
Experiment	Eksperiment
Fossil	Fossilt
Hypothese	Hypotese
Klima	Klima
Labor	Laboratorium
Methode	Metode
Mineralien	Mineraler
Moleküle	Molekyler
Natur	Natur
Organismus	Organisme
Partikel	Partikler
Pflanzen	Planter
Physik	Fysikk
Schwerkraft	Tyngdekraft
Tatsache	Faktum
Wissenschaftler	Forsker

Wissenschaftliche Disziplinen
Vitenskapelige Disipliner

Anatomie	Anatomi
Archäologie	Arkeologi
Astronomie	Astronomi
Biochemie	Biokjemi
Biologie	Biologi
Botanik	Botanikk
Chemie	Kjemi
Geologie	Geologi
Immunologie	Immunologi
Kinesiologie	Kinesiologi
Linguistik	Lingvistikk
Mechanik	Mekanikk
Mineralogie	Mineralogi
Neurologie	Nevrologi
Ökologie	Økologi
Physiologie	Fysiologi
Psychologie	Psykologi
Soziologie	Sosiologi
Thermodynamik	Termodynamikk
Zoologie	Zoologi

Zahlen
Antall

Acht	Åtte
Achtzehn	Atten
Dezimal	Desimal
Drei	Tre
Dreizehn	Tretten
Fünf	Fem
Fünfzehn	Femten
Neun	Ni
Neunzehn	Nitten
Null	Null
Sechs	Seks
Sechzehn	Seksten
Sieben	Syv
Siebzehn	Sytten
Vier	Fire
Vierzehn	Fjorten
Zehn	Ti
Zwanzig	Tjue
Zwei	To
Zwölf	Tolv

Zeit
Tid

Gestern	I Går
Heute	I Dag
Jahr	År
Jahrhundert	Århundre
Jahrzehnt	Tiår
Jährlich	Årlig
Jetzt	Nå
Kalender	Kalender
Minute	Minutt
Mittag	Middagstid
Monat	Måned
Morgen	Morgen
Nach	Etter
Nacht	Natt
Stunde	Time
Tag	Dag
Uhr	Klokke
Vor	Før
Woche	Uke
Zukunft	Fremtid

Gratuliere

Sie haben es geschafft !!

Wir hoffen, dass euch dieses Buch genauso viel Spaß gemacht hat wie uns dessen Herstellung. Wir tun unser Bestes, um qualitativ hochwertige Spiele zu erfinden. Diese Rätsel sind auf eine clevere Art und Weise entworfen, damit sie aktiv lernen und daran Vergnügen finden.

Hat ihnen das Buch gefallen ?

Eine einfache Bitte

Unsere Bücher existieren dank der Rezensionen, die sie veröffentlichen. Können sie uns helfen indem sie jetzt eine Meinung hinterlassen ?

Hier ist ein kurzer Link, der Sie zu ihrer Bewertungsseite führt

 BestBooksActivity.com/Rezension50

MONSTER HERAUSFÖRDERUNGEN !

Herausförderung 1

Bereit für ihr Bonusspiel? Wir verwenden sie ständig, aber sie sind nicht einfach zu finden. Es sind die Synonyme !

Notieren sie 5 Wörter, die sie in den untenstehenden Rätseln (Nummer 21, 36 und 76) entdeckt haben und versuchen sie für jedes Wort 2 Synonyme zu finden .

Notieren sie 5 Wörter aus *Rätsel 21*

Wörter	Synonym 1	Synonym 2

Notieren sie 5 Wörter aus *Rätsel 36*

Wörter	Synonym 1	Synonym 2

Notieren sie 5 Wörter aus *Rätsel 76*

Wörter	Synonym 1	Synonym 2

Herausförderung 2

Jetzt, wo sie warm sind, notieren sie 5 Wörter, die sie in jedem der untenaufgeführten Rätseln entdeckt haben (Nummer 9, 17 und 25) und versuchen sie für jedes Wort 2 Antonyme zu finden. Wie viele davon können sie binnen 20 Minuten finden ?

Notieren sie 5 Wörter aus **Rätsel 9**

Wörter	Antonym 1	Antonym 2

Notieren sie 5 Wörter aus **Rätsel 17**

Wörter	Antonym 1	Antonym 2

Notieren sie 5 Wörter aus **Rätsel 25**

Wörter	Antonym 1	Antonym 2

Herausförderung 3

Wunderbar, diese Monster Herausförderung  wird kein Problem für sie sein !

Bereit für die letzte Herausförderung? Wählen sie ihre 10 Lieblingswörter aus, die sie in einem Rätsel entdeckt haben und notieren sie sie unten.

1.	6.
2.	7.
3.	8.
4.	9.
5.	10.

Die Aufgabe besteht nun darin mit diesen Wörtern und in maximal sechs Sätzen einen Text herzustellen über eine Person, ein Tier oder ein Ort den sie lieben !

Tipp : sie können die letzten leeren Seiten dieses Buches als Entwurf verwenden

Ihr Schreiben :

NOTIZBUCH :

AUF BALDIGES WIEDERSEHEN !

Linguas Classics

KOSTENLOSE SPIELE GENIESSEN

GO

↓

BESTACTIVITYBOOKS.COM/FREEGAMES